성모님과
암을 이겨 내기

Facing Cancer with Mary: Reflections, Prayers and Spiritual Practices by Catherine Stewart
© 2018 by Twenty-Third Publications /Bayard
1 Montauk Avenue, Suite 200, New London, CT 06320 USA

성모님과 암을 이겨 내기

2019년 3월 12일 교회 인가
2019년 8월 15일 초판 1쇄 펴냄

지은이 · 캐서린 스튜어트
옮긴이 · 임정희
펴낸이 · 염수정
펴낸곳 · 가톨릭출판사
편집 겸 인쇄인 · 김대영
편집 · 이평화, 김소정, 정주화 | 디자인 · 강해인
기획 홍보 · 임찬양, 장제민, 안효진

본사 · 서울특별시 중구 중림로 27
지사 · 경기도 고양시 일산동구 노첨길 65
등록 · 1958. 1. 16. 제2-314호
전자우편 · edit@catholicbook.kr
전화 · 1544-1886(대)/ (02)6365-1888(물류지원국)
지로번호 · 3000997

ISBN 978-89-321-1632-7 03230

값 12,000원

가톨릭출판사 인터넷쇼핑몰 · http://www.catholicbook.kr
직영 매장 · 명동대성당 (02)776-3601, (070)8865-1886/ FAX (02)776-3602
　　　　　가톨릭회관 (02)777-2521, (070)8810-1886/ FAX (02)6499-1906
　　　　　서초동성당 (02)313-1886/ FAX (02)585-5883
　　　　　서울성모병원 (02)534-1886/ FAX (02)392-9252
　　　　　절두산순교성지 (02)3141-1886/ FAX (02)335-0213
　　　　　은평성모병원 (02)363-9119
　　　　　부천성모병원 (032)343-1886
　　　　　미주지사 (323)734-3383/ FAX (323)734-3380

가톨릭의 모든 도서와 성물을 '가톨릭출판사 인터넷쇼핑몰'에서 만나 보실 수 있습니다.

성경 · 전례문 ⓒ 한국천주교중앙협의회

이 도서의 국립중앙도서관 출판예정도서목록(CIP)은 서지정보유통지원시스템 홈페이지(http://seoji.nl.go.kr)와 국가자료공동목록시스템(http://www.nl.go.kr/kolisnet)에서 이용하실 수 있습니다. (CIP제어번호: CIP2019027606)

이 책의 한국어판 저작권은 (재)천주교서울대교구 가톨릭출판사에 있습니다.
저작권법에 의해 한국 내에서 보호를 받는 저작물이므로 무단 전재와 무단 복제를 금합니다.

Catherine Stewart

성모님과 암을 이겨 내기

당신처럼 겸허히, 당신처럼 담대하게

지은이 캐서린 스튜어트
옮긴이 임정희

가톨릭출판사

감사의 말

당신이 인생에서 바친 유일한 기도가 '감사'라면,
그것으로 충분하다.

마이스터 에크하르트Meister Eckhart

우선 폴 E. 파체코 박사님께 깊이 감사드린다. 박사님은 다른 병원에서 이관된 나를 받아 주시고 응급 수술로 내 목숨을 구해 주셨다. 박사님이 보여 주신 친절, 연민, 경청의 태도를 늘 소중히 기억한다. 지금까지도 서로 연락하며 지내는 박사님은 언제나 나의 '감사 호칭 기도'에 포함되어 있다.

풍부한 지식으로 파체코 박사님을 도와주신 브래드 파리스 박사님께도 감사드린다.

아미트 구프타 박사님과 브리트니 벤스트라 전문 간호사, 그 밖의 직원들도 내가 화학 요법 치료를 받는 동안 나와 함께해 주었다. 언제나 기꺼이 시간을 내어 내 질문에 답해 주었고, 우울한 날에는 용기를 주었으며, 일이 잘 풀릴 때는 함께 기뻐해 주었다. 이들 역시 언제나 나의 감사 기도에 들어 있다.

내가 위스콘신의 폰 두 랙으로 이사한 후부터는, 존스 박사님이 내 관리를 맡아 주셨다. 내 삶 한가운데로 기꺼이 들어와 주신 박사님께 감사드린다. 내가 암 경험자로서 여정을 계속하는 동안, 박사님과 직원들은 내게 넘치는 연민과 긍정적인 전망을 보여 주었다.

암 치료 여정에 들어서기 전까지는 수많은 의사, 간호사, 레지던트, 인턴, 간호조무사, 검사 직원, 접수처 직원들의 따뜻한 연민과 배려를 미처 몰랐다. 이들이 보여 준 놀라운 친절과 격려, 그리고 위로에 감사드린다. 이들도 모두 내 감사 기도에 들어 있다.

가족과 친구들에게는 감사의 마음을 어떻게 표현해야 좋을까? 그들은 내 요구를 이미 아는 사람들 같았다. 포옹, 격려의 말, 조용한 병문안, 꽃다발 등. 함께 물음에 대한 답을 찾는 동안 서로에 대한 믿음은 더욱 깊어졌다.

일리노이 주 스프링필드의 도미니코회 수녀님들은 다양한 방식으로 나를 지원해 주었다. 그 많은 병원 진료와 화학 요법 치료 동안 나를 차로 데려다 주거나, 회복을 위해 요양원에 있던 나를 매일 방문해 준 수녀님들도 계셨다. 회복의 긴 여정 동안 많은 수녀님들이 나와 함께 또 나를 위해 기도해 주셨다. 기력 회복을 위해 운동하는 내 곁에서 함께 긴 복도를 천천히 걸어 준 수녀님들도 계셨다. 그분들이 내 인생에 계셔서 얼마나 감사한지 모른다.

시작하는 글

　나는 내가 암 경험자로 살게 되리라는 생각은 한 번도 해 보지 않았다. 내 삶의 여정은 수많은 관계로 채워져 있었다. 가족, 친구, 지인, 학위, 하느님과 하느님의 사람들에 대한 깊은 사랑, 가르침에 대한 열정, 그리고 모든 생명에 대한 사랑.
　나는 매일 3킬로미터 정도를 걸었고, 잘 먹었고, 꽤 균형 잡힌 생활을 해 왔다. 일상적인 검사와 연례 신체검사도 빼먹지 않았다. 한번은 의사가 나 같은 사람만 있다면 자신은 무일푼이 될 거라고 말할 정도였다. 한 번씩 걸리는 감기가 내 유일한 병이었으니 말이다.
　나는 엄마와 함께 일주일간 켄터키에서 휴가를 보내고 있었다. 호숫가 오두막집을 빌려 카드 게임을 하고, 소설을 읽고, 호수 주변을 산책했다. 완벽한 휴가였다. 그런데 휴가가 중반으로 접어들 무렵, 나는 통증을 느끼기 시작했다. 처음에는 일상적인 요로 감염증일 거라고 생각했고, 일리노이로 돌아온 뒤 외래 병원을 찾았다. 몇 가지 검사 끝에 의사는 요로 감염증이라는 진단과 함께 항생제를 투여했다. 그러나 며칠이 지난 뒤에도 상태는 조금도 나아지지 않았다. 나는 오빠에게 전화를 걸어 응급실로 데려다 달라고 부탁했다. 진찰을 받고 더 센 항생제를 투여받으면 집으로 돌아오게 될 줄 알았다. 하지만 몇 시간 뒤, 검사를 더 받기 위해 입원을 했다.

며칠간은 작은 병원에 입원해 있다가 정밀 검사를 위해 대형 병원으로 이관되었다. 정밀 검사를 받던 중에 상태가 심각해졌고, 결과를 설명하던 외과의는 수술이 시급하다고 했다. 나는 급히 수술실로 옮겨졌다.

암 환자이자 투병 경험자로서 나는 종종 묵주 기도의 신비를 묵상하며 성모님의 발자취를 따라가 본다. 묵주 기도의 신비는 성모님의 일생에 초점이 맞춰져 있다. 성모님은 강하고 용기 있는 여성이었다. 때로 삶의 여정이 자신을 어디로 이끄는지 불확실한 순간에는 성모님도 힘든 시간을 보냈다. 성모님은 관계 속에서 조금씩 성장해 갔다. 성모님은 현재를 살았고, 지금 이 순간을 깨어 있으려고 노력했다. 날마다의 소소한 '예'라는 응답이 믿음을 굳건하게 만들고, 그 안에 도사린 의심을 약하게 만들 것이라고 믿으면서 말이다.

이 책에서 다루는 묵상은 나의 암 여정에 초점이 맞춰져 있다. 때로는 당신의 여정이 내 여정을 비추어 줄 때도 있을 것이다. 물론 당신의 경험은 나의 경험과 아주 다를 수도 있을 테지만 말이다.

당신이 내 이야기와 함께 성모님의 여정을 묵상해 가는 동안, '성령'이 당신의 마음을 어루만져 주기를, 그리고 당신이 웃음, 눈물, 희망이라는 가슴 아린 순간들로 이루어진 여정을 품어 안을 수 있도록 도와주기를 빈다.

차례

감사의 말 · 4
시작하는 글 · 7

1장 _ 대답하다

당연한 것은 아무것도 없었다 · 15
서로의 연약함을 지지하다 · 23
두려움 속에서 새로움이 싹트다 · 34
누군가 나를 위해 기도하다 · 42
풀리지 않는 문제를 인내하다 · 50

2장 _ 믿다

있는 그대로를 받아들이다 · 61
지금을 살다 · 68
그래도 믿다 · 75
혼자와 함께 사이의 균형을 맞추다 · 82
집으로 돌아오다 · 90

3장 _ 살다

부활의 순간들을 기억하다 · 103
익숙함과 새로움의 경계에 서다 · 111
성령이 임하다 · 118
하늘과 땅에 양발을 걸치고 희망을 끌어안다 · 126
성모님과 함께 신비의 길을 걷다 · 133

성모 찬미가 '아카티스토스' · 144

1장

대답
하다

당연한 것은
아무것도 없었다

성모님의 삶은 가브리엘 천사의 방문으로 예상치 못한 전환을 맞았다. 가브리엘 천사가 떠난 뒤, 성모님은 어떤 기분이 들었을까? 압도되고, 당황하고, 어리둥절하고, 혼란스러운 기분이었을까? 자신의 응답이 현재뿐만 아니라 미래에까지 영향을 미친다는 생각을 했을까? 성모님처럼 내 삶 역시 예상치 못한 전환을 맞이한 건, 외과의인 P 박사님이 이렇게 말했을 때였다.

"수술실을 준비해 놓을 테니 당장 수술합시다!"

의사가 나가자, 나는 두렵고 혼란스러워졌다. 도대체 무슨 일인지 전혀 몰랐으니 말이다.

2014년 8월 6일 오후 4시 30분, 나는 급하게 응급 수술을 받았다. 그날은 주님의 거룩한 변모 축일이었다. 이 축일이 내 앞날에 어떤 영향을 주게 될지 그때는 전혀 몰랐다. 내 가족(엄마, 오빠들과 올케, 그리고 언니)과 수녀님들이 연락을 받고 급하게 모였지만, 난 이미 수술에 들어간 상태였다.

수술은 밤 10시 30분까지 이어졌고, 가족들에게는 기다림이 시작되었다. 수술이 끝나자 P 박사님은 가족과 수녀님들에게 종양의 존재를 알렸다. 박사님은 종양과 함께 결장의 대부분을 제거했고, 인공 항문 수술도 진행했다. 림프절 일부에도 암이 전이되어 있었다. 나는 결장암 3기였다. 만약 응급수술을 받지 않았더라면, 나는 죽었을지도 모른다. 오빠와 올케는 내가 수술 후 어느 정도 안정될 때까지 병상을 지켰고, 집중 치료실 간호사는 내 몸에 달린 수많은 튜브가 각각 어떤 역할을 하는지 오빠 부부에게 설명해 주었다. 오빠 부부는 그제야 안심하고 병원을 떠났다.

다음 날 아침, 날 깨우는 소리가 들렸다.

"캐서린, 일어날 시간이에요."

잠을 깨자마자 뜨거운 기운이 느껴졌다. 나는 말을 할 수가 없었다. 간호사는 조금 있다가 산소 호흡기를 떼면 말하는 게 가능하다고 알려 주었다. 얼마 뒤 내 상태를 확인하러 온 P 박사님은 전날 밤에 우리 가족에게 했던 말을 그대로 내게 해 주었다. 나는 많이 놀랐다. 몸이 안 좋다는 건 알았지만 그렇게까지 상태가 심각한 줄은 몰랐었다. 당시 나는 몸이 얼마나 안 좋은지는 제대로 알지 못한 채, 그저 통증이 심하다고만 생각했었다.

처음 며칠간 나는 몹시 차분했다. 잠결에 정신이 들다 말다 하면서 이런저런 생각에 잠겼다. '용기는 어디서 오는 걸까? 내게 충분한 용기가 있을까? 이 여정을 위해 지난날은 날 어떻게 준비시켰을까?'

모든 경험은 서로 연결되어 있다. 각각의 경험이 다음 단계로 나아가도록 준비시켜 준다. '내 믿음은 이 난관을 헤쳐 나가는 데 어떤 도움이 될까? 내 믿음이 만약 도움이 되지 않는다면? 내가 곧 죽는다는 사실을 어떻게 받아들여야 할까? 암에 걸렸다는 건 무슨 의미일까? 인공 항문은 내 삶을 어떻게 변화시킬까?'

내 삶의 여정은 완전히 새로운 길로 접어들었다. 난 아프다는 게 뭔지 잘 몰랐다. 늘 건강했고, 에너지가 넘쳤고, 무척 자립적이었기 때문이다. 하지만 이제 나는 튜브, 기계 장치, 간호사, 의사, 레지던트, 인턴, 그리고 수많은 병원 직원들에 둘러싸이게 되었다.

시간이 흐르면서 통증이 줄어들자, 내가 처한 상황을 더 잘 인식하게 되었다. 나는 질문을 많이 하지는 않았다. 그저 '존재하는 것'만으로도 만족했다. 어느 날 아침, 병실에 들른 P 박사님이 말했다.

"오, 컨디션이 좋을 때는 이런 모습이군요. 눈이 반짝거리는데요."

나는 9일간 집중 치료실에 있었는데, 한번은 내 상태를 확인하러 온 P 박사님에게 물었다.

"얼음과자 먹어도 되나요?"

박사님이 괜찮다고 고개를 끄덕이자 내가 말했다.

"고마워요. 그걸 먹으면 8월의 크리스마스 같거든요."

P 박사님이 웃으며 말했다.

"와우, 그 정도로 행복해하다니 당신은 아주 단순한 여인이군요."

그 말에 내가 재빨리 대답했다.

"네, 저는 사소한 것에 만족할 줄 알거든요."

며칠 뒤에 P 박사님이 말했다.

"캐서린, 심박동 수가 조금 빨라요. 불안하면 조처를 해 드릴까요?"

내가 대답했다.

"제가 나아졌을 때 세상이 어떤 모습으로 변해 있을지 몰라서 불안하긴 해요. 하지만 불안감 때문에 약을 복용하고 싶진 않아요. 이 문제는 좀 더 신중히 고민해 봐야겠어요. 어떻게 대처할지 생각할 시간이 필요해요."

기꺼이 약을 처방받는 사람들도 있겠지만, 난 무작정 약을 많이 복용하고 싶진 않았다. 여전히 복용 중인 진통제로도 충분했으니까.

집중 치료실에 있는 동안, 날마다 P 박사님이 내 상태를 확인하러 들를 때면 나도 매일 이렇게 물었다.

"오늘은 어떤 선물을 받게 되나요?"

박사님은 빨간 얼음과자, 유동식이나 일반식을 지시했는데, 박사님이 내게 준 마지막 선물은 머리 감기를 포함한 샤

워 그리고 퇴원이었다. 나는 퇴원과 함께 우리 수녀원 본원에 있는 전문 요양 시설에 가게 되었다. 운이 좋았다. 이런 경우 다른 환자들은 보험 처리가 되는 단기 요양 시설을 찾아보거나 가정 간병 제도를 알아봐야 하니까 말이다.

병원에서 지내는 시간은 평범함에서 특별함을 깊이 인식하는 기회가 되었다. 이제는 아무것도 당연하게 여겨지지 않았다. 모든 게 선물이었다! 인정 많은 의료진 모임도 알게 되었다. 레지던트들은 매일 아침 7시경에 나를 보러 들렀다. 나는 레지던트들을 반기고 또 질문에 대답하기 위해 조금이라도 잠을 깨 보려고 얼마나 애썼는지 모른다. 담당 의료진들의 도움 덕분에 나는 조금씩 회복되기 시작했다. 안전함을 느꼈고, 안심했으며, 낙관적인 기분이 들었다.

암 환자로서의 여정을 시작하면서 나는 조용히 '예'라고 대답했다. 이 여정이 날 어디로 데려갈지 모르지만, 내게는 의사, 간호사, 가족, 수녀원, 그리고 친구들의 지지가 있음을 알았다. 또한 하느님이 나와 함께 걷고 계신다는 것도 알았다.

성모님의 여정도 나와 시작이 아주 비슷했다. 성모님이 느닷없이 하느님의 현존을 깊이 체험하던 당시, 성모님의 하루는 평범하고 일상적인 일들로 채워져 있었다. 성모님이 가브리엘 천사의 요청에 즉각 '예' 하고 응답했는지, 아니면 약간 머뭇거렸는지 우리는 모른다. 또한 작은 속삭임이었는지, 아니면 힘찬 응답이었는지도 우리는 모른다. 그 첫 응답으로부터 어떤 일들이 뒤따를지 성모님이 알아차렸는지 아닌지도 우리는 모른다. 아마도 성모님은 인식하지 못했을 것이다. 우리가 일생 동안 해 온 무수한 '예'를 돌이켜 볼 때, 우리 역시 첫 응답이 어떻게 다른 응답으로 발전해 나가는지 몰랐으니 말이다.

그래서 우리는 종종 하느님을 찾는다. 우리는 하느님을 경험하게 되기를 절실히 원하지만, 관계를 시작하는 분은 하느님이시다. 하느님이 우리를 찾아내시는 것이다. 우리의 삶을 되돌아보면, 일출이나 일몰을 고요히 바라볼 때 하느님이 우리를 찾아내심을 깨닫게 된 적이 있었다는 걸 떠올릴 수 있을 것이다. 아기의 출생으로 말할 수 없는 감사함을 느낄 때에도 하느님이 우리를 찾아내신다. 사랑하는 이를 잃고 슬픈 눈물이 뺨을 타고 흘러내릴 때에도 하느님이 우리를 찾아내신다. 우리의 일상은 하느님이 우리를 찾아내시는 순간들로 채워져 있고, 우리의 '예'는 바로 이런 깨달음에서 나온다.

오늘의 기도

선하시고 자애로우신 하느님

당신은 제게 새로운 여정을 내려 주셨습니다.

당신의 부르심에 힘차게 응답하기가 어려워

머뭇거릴 때마다

당신은 제게 수많은 사람들을 보내 주십니다.

당신이 제 삶에 보내 주신 선물 덕분에

저는 결국 '예'라고 응답할 용기를 얻게 됩니다.

저의 '예'가 속삭임처럼 미약하게 나올 때마다

성모님의 깊은 믿음을 상기시켜 줄 이들을

제게 보내 주소서.

두려움과 불확실함 앞에서

의연할 수 있도록 은총을 주시고,

의료진을 대하는 제 마음에 평화를 채워 주소서.

서로의 연약함을
지지하다

　예수님 잉태 예고 장면을 보면, 가브리엘 천사가 성모님에게 사촌 엘리사벳이 아기를 가졌다고 알려 준다. 그러자 성모님은 엘리사벳을 돕기 위해 즉각 길을 떠난다. 성모님은 엘리사벳을 만났고, 두 여인은 하느님이 각자에게 주신 선물에 감사하는 마음으로 가득했다. 두 여인은 마음 깊이 침잠해서 여정의 다음 단계에서도 계속 '예'라고 응답할 수 있는 용기를 얻었다.
　성모님의 발자취를 따르는 동안 내가 겪은 방문 경험은 약간 달랐다. 내가 집중 치료실에 있는 동안 가족과 친구들은 시간이 되는 대로 자주 병문안을 왔는데, 입원한 처음 며칠간은 내가 그들의 방문 자체를 전혀 기억하지 못했다. 누군가의 도움을 받아야만 생활이 가능했던 엄마는 이제 운전도 할 수 없었기에, 오빠가 운전해서 병원으로 모셨다. 오빠가 운전하는 차로 병원에 온 엄마가 내게 말했다.

"캐서린, 네가 이렇게 아픈지 알았더라면, 그때 켄터키에서 내가 운전해서 집에 왔을 텐데."

이렇듯 우리 엄마는 늘 이타적으로 주기만 하는 분이다.

가족의 병문안으로 병실에 함께 모이면, 우린 종종 일상적인 일들에 대해 이야기를 나누었다. 주로 내 '베개 둥지'가 놀림감이 되곤 했다. 링거 주사가 꽂힌 팔 아래에는 베개 두 개, 배 위에는 기침할 때 붙잡을 수 있도록 베개 하나, 내 몸과 침대 난간 사이에는 나머지 베개 두 개가 끼워져 있었다. 편안함과 안락함을 느끼게끔 내가 둥지를 만든 것이다. 복부 수술을 한 환자들처럼 나도 금지 사항을 만들었다.

"웃기지 좀 마. 아프다고!"

튜브와 기계 장치들이 점차 하나씩 제거되었다. 나는 기분이 나아졌고 진통제도 더 적게 처방받았다. 자리에서 일어나 조금은 걸을 수 있는 정도는 되었지만 기력이 달려서 멀리까지 걸을 수는 없었다. 내가 독서광이다 보니 주변에 읽을거리가 떨어지지 않도록 다들 신경을 써 주었다.

퇴원하던 날, 얼마나 기뻤는지 모른다. 건강을 회복하기까지 아직 먼 길이 남아 있었지만, 나는 이미 여정을 시작할 준비를 마쳤다. 짐을 챙기고, 꽃은 남아 있는 환자들에게 선물했다. 휠체어가 준비되었고, 나는 의료진에게 미소 띤 얼굴로 손을 흔들며 작별 인사를 한 뒤 조심스럽게 휠체어에 올라탔다. 병원 자원봉사자가 나를 차까지 바래다주었다. 도심을 지나는 내내 차가 쿵쿵거리는 바람에 온몸이 아팠기 때문에 차에서도 병실에서처럼 배 위에 올려 둔 베개에 몸을 지탱해야 했다. 그런데 내가 베개를 가져오리라고는 아무도 생각하지 못한 듯했다.

본원에 도착하자, 휠체어와 함께 기다리던 간호사가 나를 요양원의 내 방으로 조심스럽게 안내했다. 나는 간호사의 도움으로 방 안을 정리한 뒤, 한참 동안 달콤한 낮잠을 즐겼다.

나는 새로운 일과에 적응해야 했고, 곧 간호사들과 간호조무사들의 이름을 알아 갔다. 다들 아주 친절했고, 내게 가장 필요한 것들을 살폈다. 치료 과정에서는 내가 다음 단계를 준비해야 할 때를 직감적으로 알아차렸다. 나는 놀라울 정도로 허약해졌다. 예전에는 3킬로미터 정도 걷는 데 28분이 걸렸는데, 투병하는 동안에는 그 시간에 15미터도 겨우 걸을 정도였다. 나는 매일 아침, 오후, 저녁이면 자리에서 일어나 이전보다는 조금이라도 더 걸어 보려고 애썼다.

친구들과 가족의 방문은 늘 있었고, 은퇴한 수녀님들도 날 보러 찾아와 주었다. 가정 간병 간호사도 찾아와서 상처 붕대를 바꿔 주고 인공 항문에 대해 가르쳐 주었다. 내 인공 항문은 짧고 뭉툭하고 아래로 조금 처져 있었다. 그 모습이 프레드 플린스톤(미국 만화 영화 〈고인돌 가족 플린스톤〉의 주인공 – 옮긴이)을 닮아서 나는 내 인공 항문에 '프레드'라는 이름을 붙여 주었다. 처음에는 프레드가 무서웠다. 혹시 잘못된 음식을 먹거나 부딪치게 되면 아플 거라고 생각했기 때문이다. 당시 나의 '예'는 아주 자신이 없었다. 프레드의 관리법을 배우는 것도 너무 힘들었다. 거저 얻어지는 건 아무것도 없었다. 프레드의 집을 비우고, 또 필요한 경우 프레드를 트림시키는 법을 배우면서 간호 직원의 도움을 많이 받았다. 프레드를 씻기고, 주변 피부에 파우더와 스프레이를 뿌린 뒤 새 '집'을 장착하는 법도 익혀야 했다. 내 인공 항문 담당 간호사인 마리가 울고 있는 나를 붙잡고 한 말이 기억난다.

"죽는 게 더 쉬울지도 모르죠. 스스로가 결정한 게 아니잖아요."

마리는 나와 함께 울어 주었다. 나는 한바탕 좌절한 뒤에 심호흡을 하며 말했다.

"좋아요, 해 봅시다."

하지만 마리가 간 뒤에도 난 여전히 좌절했다. 오후와 저녁 시간 내내 '간간히 눈물 바람을 보이는 우울 상태'로 지냈다. 다음 날 아침이 되자, 다시 한번 균형감을 되찾은 나는 다음 도전에 임했다. 서서히 프레드를 관리하는 일에 능숙해졌다. 이젠 서투르지 않았고, 프레드가 잘못될 일은 없다는 걸 알게 되었다. 시간이 지나면서 프레드와 나는 가장 친한 친구가 되었다. 프레드의 별난 습성들도 빠르게 익히면서 신뢰하게 되었고, 프레드에게 말도 걸기 시작했다.

"어이, 프레드, 우리 저녁 외식하러 갈 건데, 꾸르륵 소리 좀 작게 내 줄래?"

이렇게 해서 나는 프레드의 존재를 받아들이게 되었다.

프레드에게 계속 말을 걸어 새로운 경험을 준비시켰다. 새로운 음식에 도전할 때에는 프레드에게 미리 귀띔해 주었다.

"어이, 친구, 타피오카 먹을 건데, 네가 어떻게 나오나 한번 보자."

나는 프레드의 반응을 살피려면 새로운 음식은 한 번에 한 가지만 소개해야 한다는 걸 인공 항문 지원팀을 통해 배웠다. 반응이 긍정적이면 그 음식은 앞으로 먹을 메뉴에 들어가게 되고, 반응이 부정적이면 그 음식은 다신 먹지 않는 것이다.

그러는 동안에도 내겐 늘 용기가 필요했다. 그럴 때마다 나는 토마스 머튼의 글귀를 떠올렸다.

"용기는 오기도 하고 가기도 한다. 그러니 다음 용기를 기다려라."

나는 이 글귀에서 많은 위로를 받았다. 내게 주어진 여정에 의문을 품었던 때가 있었다.

"왜 나에게 이런 일이 일어났을까? 나는 이 경험을 통해 무엇을 배워야 하는 걸까? 이런 경험이 내게 무엇을 준비시키려는 걸까?"

나뿐만 아니라 많은 암 환자들이 이런 의문을 갖는다. 이런 의문들은 암 환자들이 걷고 있는 여정의 일부분일 것이다. 고통, 물음, 그리고 눈물 한가운데에 놓여 있을 때, 여정의 다음 단계에 '예'라고 응답할 수 있는 능력이 커져 간다는 걸 알게 되었다.

이 시기 동안, 나는 로버트 J. 윅스(미국의 심리학 박사이자 저술가 – 옮긴이)가 쓴 《균형감: 격랑 속의 평온*The Calm With the Storm*》이라는 책을 발견했다. 치료 과정을 시작하면서 많은 도움을 받은 책이었다. 나는 이 책을 날마다 몇 장씩 천천히 읽었다. 그리고 치료 과정 속에서 내가 얼마나 성장했는지 살피기 위해 어제의 나와 오늘의 나를 비교했다. 때론 성장이 너무 미미해서 눈에 띄지 않았다. 성장을 확인할 수 없을 때는 쉽게 좌절하기도 했다. 다행히 윅스는 좌절에 대응하는 데 도움이 되는 제안을 제시해 놓았다. 윅스의 제안에 따르면 '긍정적인 행동들의 목록을 만들면 용기의 행동들을 인식하게 된다.'고 한다. 나는 신체적으로 나약해진 내게 이렇게 말했다.

"캐서린, 자리를 털고 일어나는 건 용기의 행동이야."

또 다른 용기의 행동은 매일 열다섯 걸음씩 더 걷는 일이었다. 걷기에는 아주 많은 에너지가 필요했기 때문에 난 빨리 지쳤다. 상처 붕대를 바꿀 때도 고통스러웠다. 통증을 완화하는 약이 있었지만, 그래도 고통을 인내하는 것은 내겐 용기의 행동이었다. 그러면서 나의 하루하루는 수많은 용기의 행동으로 채워졌다.

성모님이 엘리사벳을 찾아간 건 용기의 행동이었다. 용기는 연약함에서 생겨난다. 성모님은 하느님의 현존 경험을 나누기 위해 떠났다. 엘리사벳 역시 특별한 방식으로 하느님을 경험했다는 걸 알았기 때문이다. 두 여인은 여기에서 비롯될 기쁨과 슬픔을 알지 못한 채 '예'라고 응답했다. 우리는 응답을 계속 잘 살필 때 성장하고 깊어진다. 용기의 행동들은 우리의 '예'에서 나온다. 치료 과정 동안, 가까운 친구들에게 우리의 연약함을 보여 줄 필요가 있다. P 박사님은 종종 이렇게 말했다.

"캐서린, 이야기가 하고 싶어지면 말해요. 언제든지 들어 줄게요."

이런 구명 밧줄이 있다는 건 큰 차이를 만드는 법이다. 나는 P 박사님에게 이런 질문을 했다.

"수술하는 동안 왜 제게 산소 호흡기를 씌우셨어요?"

"난 당신의 신체 상태에 대해 잘 몰랐어요. 그전에 진료한 적이 없었으니까요. 당신의 몸이 강한지 약한지 몰랐죠. 그래서 당신의 호흡 체계를 그냥 '쉬게' 하자고 결정한 거예요. 그래야 다른 체계에 문제가 생길 때, 몸이 그 부분에 에너지를 더 보낼 수 있으니까요."

박사님의 대답을 듣고 생각했다. '와우, 훌륭하군.'

이는 대부분의 삶에도 적용할 수 있는 철학이다. 가까운 친구들에게 우리의 힘겨운 영혼을 맡겨 '쉬게' 한다면, 우린 문제 해결에 계속 매진할 수 있을 것이다. 마찬가지로 기쁨도 친구들과 나눈다. 친구들과 가족의 진심어린 병문안은 용기의 행동이었다. 집중 치료실에 있던 나는 몹시 허약하고 금방이라도 부스러질 듯 보였기 때문에 그들에게는 나를 방문하는 게 힘든 일이었을 것이다. 내가 죽을까 봐 겁을 먹은 사람들도 많았다. 하지만 우린 서로의 연약함을 함께 나누었다.

내가 가장 연약했던 때는 수술 후 맞이했던 크리스마스였다. 나는 여전히 화학 요법 치료를 받고 있었고, 이것이 나의 마지막 크리스마스가 될지 어떨지는 아무도 몰랐다. 나는 '가장 멋진 크리스마스 추억'을 갖게 되기를 원했다. 그래서 크리스마스트리를 장식하고 선물을 포장하고 친구들과 가족을 초대했다. 친한 친구와 함께 선물 포장을 풀고 예전에 함께 보냈던 크리스마스를 추억하면서 와인을 마시던 일이 생각난다. 나는 눈물을 글썽이며 친구에게 이렇게 말했다.

"다음 크리스마스에는 내가 없을지도 모르니까 이번 크리스마스는 가장 멋지게 보내고 싶어."

이 책을 쓰는 것도 커다란 용기의 행동이었다. 낯선 이들과 내 연약함을 나누는 게 때로는 두렵다. 성모님과 엘리사벳은 서로에게 연약한 존재였을 것이다. 두 여인은 장차 태어날 아기들에 대한 희망과 꿈을 나누었을 것이다. 그리고 자신들의 범상치 않았던 임신 이야기를 계속 하면서 다가오는 출산의 두려움도 함께 나누었을 것이다. 두 여인은 이야기를 나누면서 서로를 지지했다.

오늘의 기도

선하시고 자애로우신 하느님

작은 불꽃이 어둠을 밝히듯

저의 치유 여정에 빛을 밝혀 준 이들의 친절을

기억하게 해 주소서.

저는 항상 용기를 갖고

긍정적이고 강한 마음을 지니기를 바라오나

가끔은 눈물이 나고 용기가 흔들리기도 합니다.

그럴 때마다 벗들을 보내 주시어 제 눈물을 닦아 주소서.

제가 연약함을 통해 강해진다는 것을 잊지 않고,

이사야서의 말씀처럼 당신이 저의 눈물을 닦아 내신다는 것을

굳게 믿도록 도와주소서.

그리하여 성모님과 엘리사벳이 서로 힘이 되었듯,

저와 제 벗들이 서로에게 힘이 되도록 이끌어 주소서.

두려움 속에서
새로움이 싹트다

출산을 앞둔 성모님은 얼마나 두려웠을까. 성모님 곁에는 요셉 성인 외에 아무도 없었다고 알려져 있다. 성모님은 때가 왔다는 걸 알았고, 예수님 탄생은 기쁨, 놀라움, 경이로움을 안겨다 주었다. 새로운 삶은 종종 평범한 일상생활에서 싹이 튼다. 장기 프로젝트를 진행하다가 갑자기 영감이 떠올라 프로젝트 방향을 바꿀 수도 있다. 옆집에 새 이웃이 이사를 오면서 새로운 우정이 싹튼다. 엉덩이나 무릎 수술을 받고 나서 발걸음도 새로운 활기를 띤다. 화학 요법 치료를 통해 암 세포가 죽는 것이 새로운 세포가 태어나는 의미라고 보기 어려울 수도 있지만, 그래도 나는 그렇게 믿는다. 암세포가 죽은 자리에 생겨난 새 세포가 나에게 암에서 해방된 새로운 삶을 가져다줄 거라고 생각한다.

처음 암 센터에 들어갔을 때가 아직도 기억난다. 벽면에 걸린 '암 센터'라는 글자가 내 속을 후벼 팠고, 내 눈가에는 눈물이 맺혔다. 나는 눈물을 삼키며 생각했다.

"내가 여기서 뭘 하는 거지?"

난 그때까지도 내가 암에 걸렸다는 사실을 부인하고 싶어 했다. 감당하기 힘든 현실이었다. 종양 전문의인 G 박사님을 만나려고 수녀님과 함께 기다리는 동안, 나는 암 센터(Cancer Center)의 머리글자를 보며 생각했다.

C = Courage (용기)

A = Anger (분노)

N = Newness (새로움)

C = Creative (창조적)

E = Encouragement (격려)

R = Reliable (신뢰할 만한)

두려움 속에서 새로움이 싹트다

C = Chemotherapy (화학 요법)

E = Embrace (받아들임)

N = Need (욕구)

T = Tears (눈물)

E = Emerge (드러남)

R = Resilience (회복력)

   이 글자들을 묵상하는 동안, 나는 감정적으로 솔직해질 필요를 느꼈다. 맞다. 나는 분노했다. 눈물은 내가 겁을 먹었다는 증거였다.

   나는 무엇을 기대해야 할지 몰랐다. 그저 화학 요법 치료를 받아들이면 생존 확률이 더 높아지리라고 믿었다. 내게 회복력이 있다고도 생각했다. 나는 한평생을 살아오면서 융통성이 있었고, 변화에 잘 적응했다. 문제 해결사인데다, 목표를 설정하길 좋아했고, 낙관주의자이기도 했다. 어려움 속에서도 늘 한 가닥 희망의 실마리를 찾아내는 게 내 천성이었다. 대기실을 둘러보다가 종양 전문의들을 만나러 온 사람들의 수를 보고 놀랐다. 암 환자들은 내 예상보다 훨씬 많았다.

이들도 나처럼 겁을 먹고 분노하는지 궁금했다.

종양 전문의인 G 박사님은 내가 화학 요법 치료를 받지 않고 생존할 확률은 25퍼센트지만, 화학 요법 치료를 받을 경우의 생존 확률은 75퍼센트라고 설명해 주었다. 나는 즉각 화학 요법 치료를 받기로 결정했다. 수녀원, 가족, 친구들과는 상의하지 않았다. 그냥 받는 게 옳다고 느꼈다. 나는 2주에 한 번씩, 열두 번의 화학 요법 치료를 받아야 했다. 원활한 치료를 위해 포트(항암제 등의 약물을 주입시키기 위해 삽입하는 중심 정맥관 - 편집자)가 삽입될 예정이었다. 종양 전문의의 말로는, 머리카락이 가늘어지긴 해도 몽땅 빠지는 일은 없을 거라고 했다. 그리고 화학 요법 치료를 받은 사람들 중 80퍼센트가 차도를 보였다고 했다. 나는 깊이 숨을 들이마시며, 나도 그 80퍼센트에 들 거라고 생각했다! G 박사님은 화학 요법 치료를 서둘렀다. 오래 기다릴 이유가 없었다. 하지만 화학 요법이 전체 치료 과정을 늦추기 때문에 수술 상처가 나을 때까지 기다려야 했다. 나는 P 박사님의 허락이 떨어지면 즉시 화학 요법 치료를 시작할 수 있도록 G 박사님과 서로 긴밀히 연락했다.

P 박사님의 허락이 떨어지자, G 박사님은 포트를 삽입할 시기를 정했다. 포트를 이용해야 열두 번의 화학 요법 치료가 더 수월해지기 때문이다. 포트는 쉽게 삽입되었고, 전혀 문제가 없었다. 나는 다시 한번 축복받은 느낌이었다. 포트 때문에 문제를 겪는 암 환자들도 있다고 하니 말이다.

내가 화학 요법 치료를 시작한 9월 29일은 성 미카엘, 가브리엘, 라파엘 대천사 축일이었다. 내게 천사들은 늘 중요했다. 어렸을 때는 특별히 수호천사를 좋아해서 종종 수호천사 기도문을 바쳤다. 그래서 건강한 세포를 만들어 낼 때에도 천사들이 날 지켜 주리라는 믿음이 있었다. 천사들은 일생 동안 나를 지켜 주었기 때문이다.

G 박사님을 만나 혈액 검사를 했는데 결과가 좋아 투여실로 가서 치료를 시작했다. 내 링거에는 특별한 표식이 붙어 있어서 간호사들은 내가 첫 치료 중인 걸 알았다. 간호사들과 직원들은 첫 치료든 열 번째 치료든 상관없이 늘 모든 환자에게 지극정성이었다. 질문에 흔쾌히 대답하는 것 이상이었다. 난 화학 요법 약물을 견디는 데 도움이 되는 사전 약물을 투여받았고, 사전 약물 투여가 끝나자 실제 화학 요법 치료를

시작했다. 투여실에는 보통 세 시간 정도 머물렀다.

투여실에는 자리가 많았는데, 화학 요법 치료를 받는 우리는 간호사들과 이내 커뮤니티를 형성했다. 우리는 함께 두려움을 나누었고, 한 주에 있었던 이야기들을 하며 웃었다. 화학 요법 치료가 너무 힘들 때는 울기도 했다. 우린 건강한 새 세포만이 아니라 새 커뮤니티도 만들어 낸 셈이었다. 치료를 지속하면서 우리 서로를 찾았고 서로의 안부를 물었다. 매번 치료가 끝날 무렵에는 '휴대용 화학 요법 치료 세트'를 받았는데, 이 박스를 48시간 동안 몸에 부착해야 했다. 작은 검정 지갑처럼 생긴 이 박스는 남은 치료를 천천히 수행했다. 치료가 끝나 박스에서 삐 소리가 나면 간호사가 박스를 떼어 냈다. 암 센터에 박스를 반납해야 몇 주 뒤에 다시 사용할 수 있었다.

성모님이 출산의 고통을 경험한 덕분에 새로운 생명이 태어났다. 출산하는 동안 성모님은 요셉 성인의 도움을 받았다. 성모님은 어떤 일이 벌어질지 어느 정도 인식했지만, 실제 경험이란 경험하지 않은 채 예상으로만 아는 지식보다 늘 깊은 법이다. 출산은 언제나 시간이 걸리는 고통스러운 과정이다.

서두른다고 될 일이 아니다. 예수님이 태어나자, 성모님은 출산의 고통을 금세 잊고 갓 태어난 아들을 보며 크게 기뻐했을 게 틀림없다. 요셉 성인, 성모님, 예수님 이 세 식구는 날마다 겪는 삶의 기복에서 서로를 지지했다. 요셉 성인과 성모님은 예수님에게 인생의 모든 과도기에는 끝과 시작이 있음을 가르쳤다.

오늘의 기도

선하시고 자애로우신 하느님

누구나 삶의 큰 변화 앞에서는 혼란스러울 것입니다.

잘 다니던 회사에서 갑자기 해고를 당하거나

낯선 도시로 발령이 나거나

건강에 문제가 생겨 수술과 치료가 필요한 경우도 있습니다.

그럴 때마다 사람들은 어둠에 갇히기도 합니다.

하지만 저는 어둠 속으로 빛이 뚫고 들어오면서

새로운 성장이 시작되기도 한다는 걸

과거의 경험을 통해 알게 되었습니다.

그리하여 저의 마음은 더 깊어졌고

제 안에서 시작된 성장이 완전한 새로움으로

이어질 것이라는 것을 알게 되었습니다.

새로움을 기다리는 동안 저와 함께해 주소서.

서로를 지지하며 어둠 속에서 견딜 수 있는 용기를 주소서.

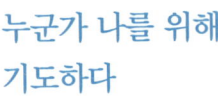

누군가 나를 위해
기도하다

성모님과 요셉 성인은 예수님을 성전에 데리고 가서 하느님께 바쳤다. 성령으로 충만한 나이 지긋한 시메온과 한나가 예수님을 만나러 왔다. 시메온은 두 팔로 예수님을 고이 받아 들고 찬미했다. "주님, 이제야 말씀하신 대로 당신 종을 평화로이 떠나게 해 주셨습니다. 제 눈이 당신의 구원을 본 것입니다. 이는 당신께서 모든 민족들 앞에서 마련하신 것으로 다른 민족들에게는 계시의 빛이며 당신 백성 이스라엘에게는 영광입니다."(루카 2,29-32)

예수님은 세상에 드러났고, 세상은 하느님의 현존과 사랑을 비추라는 사명을 받았다. 이 축제는 세 단어, 즉 만남, 감사, 파견으로 요약된다.

2월 2일 주님봉헌축일은 성촉절(Candlemas Day)로도 알려져 있다. 초는 따뜻하고, 사색적이며, 기도하는 분위기를 자아낸다. 어렸을 때 나는 성당에 가서 봉헌 초를 켜 두고 여러 가지 지향으로 기도하길 좋아했다. 초를 보초병이라고 생각했다. 내가 성당 문을 나선 뒤에도 초는 계속 지키고 서서 하느님께 내 청원을 바치고 있었기 때문이다.

나는 크리스마스까지 몇 주가 남았는지 알려 주는 대림초도 좋아했다. 파스카 성야도 좋았다. 완전한 어둠 속에서 시작되는 파스카 성야 미사에서 초가 축성되고, 신자들은 그리스도의 초에서 각자 불빛을 나눠 받는다. 그렇게 하느님의 사랑으로 세상을 불 밝히기 위해 우리는 '파견'된다.

결장암 3기 진단을 받고 나서 나는 힘겹게 기도했다. 그때의 나에게는 하느님께 오롯이 내 바람을 바칠 힘조차 남아 있지 않았다. 내 몸은 육체적, 정신적, 정서적 치료 과정을 시작할 힘이 필요했다. 내가 학생들을 가르치던 블랙번 대학 교육학부에는 병가를 냈다. 날 위한 기도가 바쳐지는 걸 처음 알게 된 건, 블랙번 대학 학장이 집중 치료실로 병문안을 왔을 때였다. 학장이 조그마한 비버 솜 인형(블랙번 대학의 마스코트가 바니 비버다.)을 가져왔는데, 비버의 앞발이 포개져 있었다. 존 학장의 말로는 바니는 물론 블랙번 대학의 모든 학생이 나의 쾌유를 위해 기도한다고 했다. 입원해 있는 동안 바니는 늘 내 시야에 놓여 있었고, 지금은 내 책꽂이를 빛내고 있다.

치유 과정 내내 수많은 가족, 친구들, 수녀님들이 나와 함께, 또 나를 위해 기도했다. 늙고 주름진 손들을 살며시 모으고 내게 완전히 쾌유할 수 있는 힘을 달라고 하느님께 기도했다. 기도를 배우는 중인 젊은 손들은 내가 앞으로 그들과 좋은 시간을 보낼 수 있도록 낫게 해 달라는 기도를 바쳤다. 살포시 포갠 중년의 손들은 내가 죽기에는 너무 젊으니 낫게 해 달라고 간청했다. 내가 많은 이들의 기도 속에 기억되고, 또 날 위해 기도한다는 건강 기원 카드를 받으니 마음이 한없이 겸손해졌다.

나 역시 두 손을 모으고, 나를 보살피는 모든 이를 축복해 주시기를 하느님께 청한다. 나는 정서적으로 나를 지지해 주는 사람들, 나를 위해 기도해 주는 사람들, 병문안 오는 사람들을 위해 기도한다. 아울러 나보다 앞서 간 사람들도 나의 치유를 위해 기도한다고 믿는다. 나의 아버지, 할아버지, 할머니, 숙모들, 삼촌들, 암으로 세상을 떠난 몇몇 아주 친한 친구들도 나의 쾌유를 위해 하느님께 간청한다고 굳게 믿는다.

암 투병을 하던 당시 하느님과 나와의 만남은 대부분 다른 사람들을 통해 이루어졌다. 나는 다른 암 환자들과 이야기하면서 많은 이들에게 나와 같은 경험이 있다는 걸 깨달았다. 기도를 한다는 것은 불가능까지는 아니더라도 힘든 일이었다. 집중하는 게 힘들었으니까.

그러나 시메온처럼 내 마음은 감사함으로 가득했다. 풍부한 지식과 넘치는 열정을 지닌 의료진들에게 감사했다. 치료를 지속하는 동안, 의료진과 그 가족들을 우리 본원의 일요일 브런치에 초대했는데, 이로써 나뿐만 아니라 우리 수녀님들도 이 훌륭한 두 의사에게 진심어린 감사의 마음을 표현할 수 있었다. 나는 의료진들을 비롯한 그 가족들과 함께 음식을 나누면서 감사의 말을 전할 수 있어서 얼마나 즐거웠는지 모른다. 내가 살아 있음에, 또 아무런 합병증 없이 치료를 계속할 수 있음에 감사했다. 마음 깊은 곳에서 힘을 발견하게 된 것도 감사했다. 마음이 울적한 날들도 있었지만 대체로 조용한 힘을 느꼈다.

그리고 내 앞에 드러나는 새로운 사명들이 보이기 시작했다. 처음에는 그게 뭔지 깨닫지 못했지만, 암 여정을 걷는 동안 점점 그 윤곽이 드러났다. 내가 병원에 가야 할 때면, 가족과 친구들 등 여러 사람들이 순번을 정해서 병원에 날 내려주고, 세 시간 뒤에 다시 나를 태우러 왔다. 그럴 때마다 나는 이렇게 말했다.

"고마워. 하지만 혼자 갈 수 있어."

내가 혼자 가길 좋아하는 이유는 그래야 자립심이 생기고, 기도할 시간도 가질 수 있어서다.

치료받는 동안, 멋진 여자가 다가와 내게 따뜻한 담요를 건넸다. 따뜻하고 포근한 담요를 두르고 있자니 하느님의 품 안에 싸인 나 자신을 보는 듯했다. 치료 결과가 어떻든 이런 순간에는 하느님과 나와의 관계가 돈독해진다는 걸 알 수 있었다. 투여실을 둘러보다가 마주치는 사람마다 하느님께 봉헌하며 그 사람의 치유를 청했다. 나의 다정한 미소와 긍정적인 태도가 많은 사람들을 감동시켰고, 다른 암 환자들이 내가 오기를 고대한다는 이야기를 듣게 되었다. 치료 시간은 기도하고, 독서하고, 방문하고, 낮잠을 자고, 좀 더 신뢰하게 되는 여유를 가져다주었다.

또 다른 나의 '새로운 사명'은 뛰어난 경청 능력이었다. 요양원에서는 간호사와 간호조무사들이 나를 보살피러 왔다가 종종 기쁨과 어려움을 함께 나누기도 했다. 우리는 함께 웃었고 노선을 쉽게 해 줄 방법들을 찾았다. 나는 요양원에도 '새로운 삶'을 불러일으켰다. 많은 은퇴 수녀님들이 병을 치유하려는 내 결심을 알아주었고, 유쾌하고 장난기 많은 내 성격을 좋아해 주었다. 나는 나이 들어 가는 과정을 완전히 새로운 방식으로 이해하기 시작했고, 그곳에서 10주를 지내는 동안 몇몇 은퇴 수녀님들과는 지속적이고 깊은 우정도 맺었다. 본원으로 돌아온 이후에도 종종 요양원을 방문해서 간호사, 간호조무사, 은퇴 수녀님들과 좋은 시간을 보냈다. 나는 늘 커다란 미소와 포옹으로 환대받았다. 그들은 나의 암 진행 상황을 확인하고 점검하는 과정에서도 내게 계속 지지를 보내 주었다.

성모님과 요셉 성인은 함께 예수님을 성전에 바쳤다. 하느님께 봉헌될 때 예수님은 따뜻한 담요에 싸여 있었다. 시메온과 한나는 몇 년 동안 성전에서 기도하며 지낸 덕분에 뛰어난 영성을 지니게 되었다. 성모님과 요셉 성인이 예수님을 봉헌하는 장면에서 시메온과 한나가 예수님을 메시아로 인식한 것은, 신체적 눈이 아닌 영적인 눈으로 바라보았기 때문에 가능했다. 우리도 상황을 '판단의 눈'이 아닌 '마음의 눈'으로 바라볼 때, 우리의 '사명' 안에서 하느님의 현존을 깨달을 수 있다. 다양한 방식으로 하느님의 사람들을 보살피는 서로의 성소를 신뢰하는 일은 얼마나 중요한가.

오늘의 기도

선하시고 자애로우신 하느님

저를 위해 기도해 주는 수많은 사람들에게

감사하고 경외하는 마음 가득합니다.

저는 기도의 힘을 믿으며

당신께서 이 기도를 듣고 계신다는 것을 압니다.

치유는 다양한 모습으로 옵니다.

치유는 제게 세상에서의 시간을 좀 더 허락할 수도 있고

관계를 회복하게 할 수도 있으며

누군가를 용서하는 능력으로 올지도 모릅니다.

저는 당신이 선택하신 치유의 방식을 받아들입니다.

저는 당신이 저를 사랑하신다는 것을 믿습니다.

그러므로 지금 이 순간 제게 가장 좋은 것이

무엇인지도 아신다고 믿습니다.

제가 당신을 더 깊이 신뢰할 수 있게 해 주시고,

모든 형태의 치유에 제 마음을 열 수 있게 도와주소서.

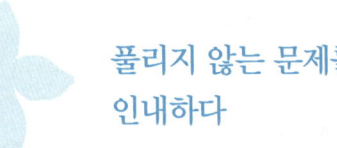

풀리지 않는 문제를 인내하다

　루카 복음서의 '잃어버린 예수님'은 두 가지 다른 관점에서 볼 수 있다. 먼저 예수님의 관점이다. 예수님은 성전에서 하느님에 대해 배우면서 동시에 가르치고 있었다. 당시 예수님은 아주 강한 사명감을 지니고 있었다. 하느님을 널리 알리라는 부르심을 듣고 응답하고 있었던 것이다. 또한 하느님을 '아버지'라고 부름으로써, 성전에 있던 사람들에게 예수님 스스로 하느님과 가족 관계에 있으며 하느님과 친밀한 존재임을 알렸다. 성모님과 요셉 성인은 어린 예수님에게 기도하는 법과 하느님에 대해 가르치면서 어떤 역할을 했을까? 처음에 예수님은 성모님과 요셉 성인에게 단순한 기도들을 배웠지만, 자라면서는 율법 교사에게 유대 기도 형식으로 교육받았을 게 분명하다. 성모님과 요셉 성인은 신뢰, 순종, 믿음을 계속 이어 가면서 예수님과 출생 이야기를 나누었을 것이다.

또 다른 하나는, 성모님의 관점이다. 성모님은 예수님을 걱정했다. 성모님과 요셉 성인이 맡은 임무는 예수님을 보살피고, 예수님이 제 몫을 다하는 성인이 되는 데 필요한 삶의 기술을 가르치는 일이었다. 이들의 교육에는 예수님이 하느님과의 관계를 확실하게 발전시키는 것도 포함되어 있다. 예수님을 잃어버린 성모님은 이제 부모로서 죄책감을 느낀다. 성모님과 요셉 성인은 애타게 예수님을 찾아다닌다. 처음에는 친척과 친구들 사이에서 예수님을 찾는다. 아이들은 종종 이리저리 다니다가 친척이나 친구 집에 가기도 하니까. 며칠이 지나자 성모님과 요셉 성인은 예수님이 지인과 함께 있지 않다는 걸 알았다. 결국 성모님과 요셉 성인은 성전에서 예수님을 찾아낸다. 예수님이 왜 그곳에 있는지는 두 사람도 이해하지 못했다. 결국 성모님은 이 모든 일을 마음속에 간직한다(루카 2,41-51 참조). 성모님은 아들을 이해하지 못한 채, 예수님이 누구이며 그의 사명이 무엇인지 생각하기 시작한다. 이

시점에서 성모님의 '예'는 이해에서 비롯되었다기보다는 믿음에 근거했다고 볼 수 있다.

내가 암 여정을 걷는 동안, 하느님의 현존 체험은 밀물과 썰물처럼 밀려왔다가 빠져나갔다. 하느님은 때로는 가까이 계셨다. 손을 뻗으면 거의 만질 수 있을 것 같았다. 그러나 때로는 어둠에 휩싸이면서 하느님이 다른 일로 바쁘신 건 아닌지 의심했다.

암 여정에서의 나의 사명은 무엇이었을까? 나는 내가 왜 암에 걸렸는지 이해할 수 없었다. 그래서 내가 어떤 부르심을 받았을까 내내 생각해 보았다. 나는 믿음을 잃지 않았다. 그리고 가능한 한 많이 기도했다. 내 힘이 닿는 한 자주 미사에 참석해서 성체를 모셨다. 더 깊은 신뢰를 위해서도 기도했다. 새로운 나의 경험이 '내 사명'을 성장시킨다는 건 알았지만, 그게 뭔지는 몰랐다. 나는 라이너 마리아 릴케의 글을 종종 마음에 새겼다.

"당신 마음속의 풀리지 않은 문제에 대해 인내하라. 잠긴 방이나 아주 낯선 언어로 쓰인 책들처럼 문제 자체를 사랑하도록 하라. 지금 문제에 대한 답을 구하지 말라. 당신이 답대로 살 수 없을 터이므로 답은 주어지지 않는다. 중요한 건 모든 것을 살아 보는 일이다. 이제 문제들을 살아 보라. 그러다 보면 어느 훗날 당신은 자신도 모르게 서서히 답 속에 살게 될 날이 올 것이다."(라이너 마리아 릴케의 ≪젊은 시인에게 보내는 편지≫ 중에서 - 옮긴이)

나는 날마다 기다리고, 희망하고, 내가 그토록 절실하게 구하던 답에 마음을 열고 살았다.

내 소식이 퍼지면서, 내 죽음이 가까워졌다고 생각한 친구들과 가족이 내게 이런 말을 했다.

"하느님은 널 위한 큰 계획을 갖고 계셔."

나는 이런 반응을 접할 때마다 화가 났다. 그 말은 마치 예전의 내 삶과 사도직이 그다지 중요하거나 충분하지 않았다는 것처럼 들렸기 때문이다. 예전의 내 사명이 부정당하는 기분이 들었다. 나는 화가 나서 애써 대답을 피했다. 나를 몹시 화나게 했던 질문이 또 있었다.

"캐서린, 잘 이겨 내고 있지?"

이번에도 대답에 주의해야 했다.

"맞아, 난 암에 걸렸어. 화학 요법으로 치료받고 있어. 하느님이 다른 방식으로 날 치유하기로 결정하셨지. 또 화학 요법으로 치료 효과를 보지 못한다 해도 난 실패자가 아니야."

나는 암 투병 경험을 비롯해 과거 경험들을 통해 많은 것을 얻었다. 1980년대에 겪은 가슴 아픈 경험은 장차 내 잠재의식 속에 떠오를 수많은 질문들에 대한 답을 마련해 주었다. 당시 나는 2학년 학생 서른 여섯 명을 가르치고 있었다. 나와 학생들은 수업 중에 챌린저호의 발사를 지켜보고 있었는데, 그때 갑자기 챌린저호가 폭발하는 사고가 일어났다. 그 순간 교실에는 묘한 정적이 흘렀다. 그리고 학생 한 명이 정적을 깨며 내게 질문을 던졌다.

"수녀님, 만약 수녀님께서 저 우주선에 타면 죽게 되리라는 걸 미리 아셨다면, 우주선에 타셨겠어요?"

교실에는 깊은 침묵이 흘렀다. 나는 내 대답이 무척 중요하다는 걸 알았다.

"그럼, 하느님이 우리에게 죽기 전에 하라고 이르신 일은 두 가지뿐이야. 첫째는 아빠, 엄마, 할아버지, 할머니, 삼촌, 숙모, 그리고 친구들이 우리를 사랑할 수 있게 허락하는 일, 둘째는 우리가 다른 사람을 사랑하는 일이지. 난 이 두 가지를 다 실천했다고 생각해. 그래서 난 죽을 준비가 되어 있어."

그 학생은 내게 미소를 지으며 대답했다.

"저도요. 저도 둘 다 실천했어요."

난 오랜 세월 동안 내 잠재의식 속에 이러한 신념을 간직해 왔다. 하느님이 두 팔을 벌리고 날 기다리신다는 걸 안다. 내 마음 깊은 곳의 나는 죽기 전에 내가 더 해야 할 일은 이제 없다고 생각한다. 나는 내 삶과 사람들을, 그리고 하느님을 사랑했으니까. 뭘 더 바랄 수 있을까?

암 여정에서 나는 새로운 자아를 찾으려 하는 나를 만났다. 새로운 자아를 정립하는 것은, 내가 겪은 새로운 경험들과 하느님과의 관계를 더 깊게 아우르도록 하는 사명이었다. 나는 그 과정에서 테리 허쉬(미국의 영성 저술가 – 옮긴이)의 다음과 같은 글을 우연히 접하게 되었다. "우리 여정의 의미는 은총의 장소인 성소를 지정하고 받아들이는 데 있습니다."

모습을 드러내기 시작한 나의 사명은 현재를 받아들이는 것이었다. 나는 내일에 대한 보장이 없다는 사실을 깊이 인식하게 되었다. 죽을 고비를 넘긴 사람들은 종종 삶이 선물이라는 사실을 강하게 느끼기 마련이다. 삶은 당연한 게 아니라 소중한 것이다. 나는 매일 해야 할 일들을 그 날 안에 해내도록 확실히 해 두어야 했다.

인생을 살다 보면 다급할 때가 있다. 그 다급함이 나로 하여금 날마다 은총의 장소를 찾도록 격려해 주었다. 침묵에 휩싸여 커피 한 잔을 들고 흔들의자에 앉아 있는 것이 내 은총의 장소이다. 좋은 친구와 함께 걸으며 희망, 꿈, 좌절을 나누는 것도 은총의 장소이다. 스마트폰이 사람들로 하여금 현재를 살지 못하게 한다는 걸 깨닫는 것도 은총의 장소이다. 내 담당의와 계속 연락을 취하는 것도 은총의 장소이다. 은총은 우리를 둘러싸고 있다. 은총을 자각하고 우리 삶으로 들여놓는 것은 전적으로 우리의 몫이다.

오늘의 기도

선하시고 자애로우신 하느님

저를 둘러싼 수많은 은총의 성소를

깨닫게 해 주심에 감사와 찬미를 드리나이다.

당신 은총으로 저는 당신을 찾아 나설 수 있습니다.

그리고 암 투병을 통해

제게 주어진 사명이 무엇인지도 찾아 나섭니다.

그 과정 속에서 저는 제 마음 깊은 곳의 자아를 만납니다.

질문을 할 때와 마찬가지로 답을 살아 낼 때에도

제게 필요한 인내를 주소서.

당신의 현존을 계속 느낄 수 있게 해 주시고,

참을성 있게 답을 기다리지 못하고

섣불리 답을 얻고자 하는 좌절의 순간에도

당신이 저와 함께 걷고 계심을 깨닫게 해 주소서.

2장

믿다

있는 그대로를 받아들이다

성경을 살펴보면 성모님은 예수님이 고난을 당하는 자리에 없었다. 하지만 어머니는 자식과 특별한 관계에 있으니 멀리서나마 성모님도 예수님의 수난을 알았을 것이다. 누구도 다른 사람의 고통을 덜어 줄 수는 없다. 누구도 다른 이의 정서적, 육체적 고통을 완전히 이해할 수도 없다. 성모님은 멀리서 예수님을 지지했다. 예수님이 훨씬 더 깊은 수준에서 다시 한번 '예'라는 응답을 준비하는 동안, 성모님은 예수님을 위해, 예수님과 함께 기도했다.

이 신비는 신뢰에 관한 것이다. 예수님은 하느님을 신뢰했고, 자라는 동안 어머니의 발자취를 따르며 하느님을 신뢰하는 법을 배웠다. 삶이 평탄할 때는 신뢰하기가 쉽다. 육체적, 정서적 고통이 없을 때는 '예'라고 대답하기도 쉽다. 이 신비를 깊이 들여다보면, 예수님은 이렇게 말하지 않는다. "내가 해결할 수 있어. 그냥 해 보자." 대신 예수님은 이렇게 기도한다. "제 뜻이 아니라 아버지의 뜻이 이루어지게 하소서." 그때에 천사가 나타나 예수님의 기운을 북돋아 주었다. 정서적, 육체적 고통에는 하느님이 우리와 함께 걸으신다는 약속이 동반된다. 우리 뜻에 앞서 하느님의 뜻을 따르기로 한다면 말이다. 하느님의 뜻을 따르는 것도 이유를 알고 이해할 때는 쉽지만, 이유가 모호할 때는 맹목적으로 신뢰하고 따르기 힘들다.

가장 힘든 싸움은 통제의 환상을 잃는 일이었다. 내 생활은 진료와 화학 요법 치료에 맞춰져 있었다. 접수처 직원은 나의 모든 진료와 화학 요법 치료의 예약 상황을 보면서 다음 진료 예약을 잡았다. 나로서는 이렇게 말할 수가 없었다.

"그 날은 생일파티에 가야 해요."

"그 때는 며칠간 시외에 사는 친구를 방문할 계획이에요."

내 삶은 접수처 직원들의 손에 완전히 매여 있었다. 화학 요법 치료가 예정되어 있었지만 백혈구 수치가 너무 낮아서 접수처 직원이 예약 상황을 재조정한 때도 몇 번 있었다. 이런 일이 있을 때마다 나는 심호흡을 했고, 안정을 취했으며, 실망감을 외면하려 애썼다.

이런 실망감은 치료를 기다리는 것이 과정을 연장한다는 뜻이기에 생긴다. 과정을 연장한다는 건 줄곧 화학 요법 치료에 매여 시외에 사는 친구를 방문할 수 없다는 의미였다.

이 기간 동안 나는 다양한 시각을 갖는 법을 배웠다. 실망감을 느끼게 되면, 그 실망감을 인정하면서도 달리 생각해 보는 법을 찾았다. 난 언제나 불행 가운데서 한 가닥 희망을 찾으려 애썼다. 최우선으로 생각할 것은 치유이고, 그 외의 것은 모두 치유에 양보해야 한다는 걸 배웠다. 화학 요법 일정에 차질이 생길 때는, 마음대로 쓸 수 있는 '선물 같은 시간'이 허락된 '휴가'로 인식하게 되었다. 나는 이런 생각을 다른 몇몇 암 환자들과 나누었는데, 모두 실망감에 대처하는 좋은 방법이라고 했다.

백혈구 수치가 두 번 낮아지자, G 박사님은 화학 요법 치료가 끝날 때마다 내게 주사 처방을 내렸다. 백혈구 재생을 촉진하는 주사였다. 이로 인해 진료 예약은 더 많아졌다. 주사 덕분에 화학 요법 치료를 시기적절하게 받는 데는 도움이 되었지만, 문제는 비용이었다. 물론 대부분의 비용을 보험에서 처리하지만 말이다. 이런 모든 과정이 내게 '떠나보냄'이 무엇인지 가르쳐 주었다.

떠나보냄에 대해 묵상하다 보니, 에크하르트 톨레(독일 출신의 영성가이자 영적 교사 – 옮긴이)가 한 말이 떠오른다.

"스트레스는 '여기' 있으면서 '거기' 있길 바라거나, 또는 현재에 있으면서 미래에 있길 바라기 때문에 생깁니다. 이 괴리감 때문에 당신의 마음이 갈라지게 됩니다."

이 시기에 내가 받은 선물 중 하나가 현재를 살라는 깊은 깨달음이었다. 나는 온전히 하루를 살면서 '지금'에 집중할 필요를 느꼈다. 화학 요법이 끝나는 '마법의 날'이나, 마지막 화학 요법 치료가 성공적일 때 받는 CT 촬영만을 기다리지 않기로 했다. 매 순간을 있는 그대로 소중히 여겨야 했다. '지금'에 눈을 돌리니 내 기대치는 낮아졌고, 덕분에 치료 과정에 더 큰 평화가 찾아왔다. 점점 현재를 받아들이게 되면서 좌절감은 더 줄어들었다.

또한 나는 이전에 무언가를 '떠나보내던' 때를 떠올리는 데 집중했다. 새 부임지에서 새로운 사도직을 위임받을 때마다 친구들, 프로그램, 익숙한 환경을 떠나보내야 했다. 나는 어디에 있든 잘 적응하는 편이었다. 사도직뿐만 아니라 자원봉사에도 늘 적극적으로 임했다. 하지만 부임지를 옮길 때마다 공허함이 남았고, 그 공허함은 새로운 장소에 뿌리를 내릴 때까지 남아 있었다.

할아버지, 할머니, 아버지, 그리고 암에 걸린 친구들이 세상을 떠났을 때, 나는 소중한 관계를 떠나보내는 방법, 그리고 살아가면서 이들을 계속 기억할 새로운 방법을 찾아야 했다. 성모님은 일생을 통해 예수님에게 어떻게 떠나보내야 하는지 수없이 보여 주었다. 성모님은 자신과 하느님의 관계에 대한 선입견을 떠나보내고, 하느님이 제안하신 관계를 받아들였다. 성모님은 가족과 친구들을 떠나보내고 베들레헴으로 가서 예수님을 낳았고, 예수님에게 출생 이야기를 들려줌으로써 떠나보내기 위해 필요한 가치들을 몸소 보여 주었다. 잃어버린 예수님을 찾아 나선 성모님은 예수님에 대한 선입견을 떠나보내고, 예수님에 대한 새로운 정의를 받아들였다.

우리는 떠나보낼 때마다 다음에 있을 떠나보냄을 준비한다. 떠나보내는 일이 결코 쉽지 않은 이유는, 공허감을 늘 기억하기 때문이다. 그러나 떠나보냄은 새로운 관계를 맺고, 과도기에 필요한 정서적, 심리적 에너지를 얻기 위해 필요한 일이기도 하다.

오늘의 기도

선하시고 자애로우신 하느님

저는 두 손을 벌린 채 당신 앞에 섰습니다.

당신의 뜻에 저를 내맡기고,

당신이 주시는 대로 받아들이고 싶기 때문입니다.

저에게 그럴 수 있는 힘과 은총을 내려 주소서.

저에게 일어나는 일들을 제 마음대로 통제하는 것이

가능하다고 생각했던 때도 있었습니다.

하지만 지금은 조급한 마음에서 한 발 뒤로 물러나

당신이 정서적, 육체적 고통 속에 있는 저와

함께 걷고 계심을 느끼며 더 굳건한 믿음을 청합니다.

담담하게 떠나보냄을 몸소 보여 주는 이들을 보곤 합니다.

그들이 지닌 용기를 축복하시고 저에게도 나눠 주소서.

그리하여 저 역시 다른 이들과 함께 떠나보냄을 나누며

서로가 서로에게 축복이 될 수 있게 해 주소서.

지금을
살다

예수님이 우리를 위하여 매 맞는 장면을 떠올리면, 가까이 서 있는 성모님이 보인다. 성모님은 아들이 어떤 취급을 당하는지 보고 경악한다. 매질은 정서적으로나 육체적으로 많은 상처를 남긴다. 성모님은 계속해서 아들을 위해 또 아들과 함께 기도한다. 예수님에게는 어머니가 보일 수도, 또 보이지 않을 수도 있겠지만, 예수님은 어머니의 현존을 느낀다. 누구도 다른 이를 위해 고통을 대신 당할 수도, 또 고통을 덜어 줄 수도 없지만, 가까운 곳에 있어 줌으로써 지지할 수는 있다.

어느 소녀에 관한 이야기를 들은 적이 있다. 소녀가 집 계단에 앉아서 울고 있는데, 친한 친구가 소녀와 같이 놀려고 왔다. 소녀가 우는 걸 본 친구는 아무 말 없이 소녀 옆에 앉아서 소녀와 함께 울어 주었다.

예수님이 수난을 겪는 동안 성모님과 여인들이 조용히 곁을 지켜 준 것처럼, 내게도 늘 그 자리에 있는 몇몇 친구들이 있다. 예수님처럼 내게도 내가 걸어온 여정을 상기시켜 주는 육체적 상처들이 있다. 배 아래쪽에 수직으로 길게 난 상처와 영구적인 인공 항문도 있고, 가슴 위쪽에는 포트가 삽입되었다가 제거된 상처도 있다.

수술 상처가 치유되는 동안, 본원의 간호 직원들과 간호조무사들은 훌륭한 치어리더가 되어 주었다. 내가 힘을 회복하도록 산책을 권했고, 또 그동안 빠진 몸무게를 회복할 수 있게 많이 먹을 것을 독려했다. 한번은 담당의인 P 박사님이 내 몸무게 감소를 걱정하기에 내가 얼른 말했다.

"내 결장 무게는 틀림없이 4.5킬로그램 정도 나갔을 거예요. 그러니 내 몸무게가 줄어들 수밖에요."

P 박사님이 웃으며 말했다.

"캐서린, 당신의 결장 무게는 4.5킬로그램이 아니었어요!"

"아, 그럼 무게가 얼마였는데요?"

다행히 박사님은 수술 기록에서 대답을 찾아내지 못했다.

나는 수술 부위를 실로 봉합하는 방식 대신 '진공 음압 폐쇄'(음압을 이용하여 진물과 고름을 흡입하며 육아 조직의 생성을 촉진시켜 주는 드레싱 요법, 음압은 공기 등을 빨아들이는 석션 suction과 같은 원리 - 편집자) 방식을 선택했고, 가정 간병 간호사가 와서 붕대를 바꿔 주었다. 아주 고통스러운 과정이었다. 가정 간병 간호사가 도착 한 시간 전에 전화하면, 우리 간호사들은 내게 통증을 완화하는 진통제를 주었다. 진공 음압 폐쇄 덕분에 치유는 안에서부터 이루어졌다.

난 늘 이렇게 물었다.

"치유되고 있는 거예요?"

나는 때가 되면 자연히 치유된다는 걸 곧 알게 되었다. 치유 과정을 촉진하기 위해 특정 음식을 먹거나 특별한 운동을 할 수는 없었다. 난 기다리는 법을 배웠다. 가을 한복판에서 대림 시기를 체험한 셈이었다. 간호사는 올 때마다 상처를 쟀고, 상처는 조금씩 아물었다. 어느 날, 간호사가 상처를 재더니 이렇게 말했다.

"상처 부위를 사진으로 찍어서 담당의한테 보내도 될까요? 상처가 다 나아서 진공 음압 폐쇄는 제거해도 될 것 같은데요."

나는 긴호시에게 크게 웃어 보이며 말했다.

"그러세요. 내 배 사진을 페이스북에만 올리지 말아요!"

그날은 즐거운 일이 많았다. 상처를 볼 때마다 난 매일 이 여정을 함께 걸어 준 많은 사람들을 떠올린다.

내 인공 항문인 프레드는 나의 암 여정을 영원히 상기시켜 주는 존재이다. 나는 내게 생명을 준 프레드에게 감사한다. 프레드와 나는 인생의 고락을 함께 나눈다. 나는 프레드가 받아들일 만한 음식을 먹게 되었고, 프레드를 보살피는 법도 배웠다. 프레드가 사고를 치거나 크게 꾸르륵 소리를 내도 프레드 때문에 사과하는 일은 없다. 그저 가능한 한 그를 조심스럽게 다루려고 노력한다. 나는 친한 친구들과 함께 프레드의 생일도 축하해 준다. 카드와 선물, 그리고 프레드가 좋아하는 음식도 준비한다.

프레드와 나는 프레드를 만들어 준 의사와 계속 연락하고 있다. 그 의사의 뛰어난 솜씨가 아니었으면 난 지금처럼 잘 지내지 못했을 것이다. 나는 프레드를 나의 '또 다른' 자아로 대함으로써 그를 받아들이는 법을 배웠다.

나는 인공 항문 지원 모임에도 참석한다. 다른 사람들의 경험담을 들으면서, 프레드에게 별다른 문제가 없음을 깊이 감사한다. 모두가 나만큼 운이 좋지는 못한 듯했다.

내 몸에 난 가장 작은 상처는 포트 삽입 자국이다. 그 상처가 흥미로운 이유는 가장 긴 치유 과정을 상징하기 때문이다. 나는 화학 요법 치료를 9월 29일에 시작해서 다음 해 3월 20일에 끝냈다. 각각의 치유 과정은 개별적으로 이루어졌다. 수술 상처가 나을 때까지는 화학 요법 치료를 시작할 수 없었다. 암에 걸리기 전에는 여러 가지 일을 한꺼번에 하면서 많은 시간을 보냈는데, 이젠 내 몸의 에너지가 특정 영역에 집중해야 한다는 걸 치유 여정에서 알게 되었다. 멀티태스킹의 여왕이 한 가지 일에 집중하는 공주가 된 셈이었다.

이 여정에서 나는 테리 허쉬가 한 말에 주목했다.

"미래가 있다는 말은 영원하다는 의미도, 황금기가 올 거라는 의미도 아닙니다. 바로 오늘을 '사랑'하겠다는 허락, 자유, 인내를 뜻합니다."

치유 과정을 통해 '지금'을 살아야 한다는 메시지가 점점 분명해졌다.

나는 하루하루가 지닌 선물을 더 깊이 인식하게 되었다. 함께해 주는 가족과 친구들, 본원의 간호 팀과 간호조무사들, 그리고 나의 천성이랄 수 있는 긍정적인 사고방식, 기다림을 배우고 자연적인 치유 과정을 소중히 여기는 마음까지, 이 모든 것은 내가 암 여정의 날들을 사랑할 수 있도록 도와준 선물이었다.

'우울한 날들'은 내가 과거에 집중한 시간들이었다. 예를 들면, 암에 걸리기 전에 나는 어떤 사람이었는지 생각하며 보내던 시간이었다. 또한 미래에 집중한 시간들이기도 했다. 어떻게 하면 빨리 일자리로 돌아갈까, 또는 언제 다시 몸무게를 회복할까 궁금해하면서 말이다.

상처는 남아 있고, 나는 이 여정 중에 만난 사람들과 상처들이 지닌 이야기를 소중히 여긴다. 내가 이런 추억들을 좋아하게 되리라고는 한 번도 생각해 보지 못했다. 하지만 시간이 흐를수록 나는 추억을 더듬으며 내가 받은 선물을 소중히 여기는 나 자신을 발견하게 되었다.

오늘의 기도

선하시고 자애로우신 하느님

저의 삶은 꿈과 희망만큼이나 상처로 가득합니다.

저는 종종 스스로의 상처를 덮으려 합니다.

그러나 상처는 용기의 다른 이름이기도 합니다.

무언가를 포기하지 않고 계속할 수 있는 용기,

친구들에게 잠시 함께 있어 달라고 청하는 용기,

당신의 손을 잡으려고 손을 뻗는 용기는 아름답습니다.

원하는 것이 좌절되어 상처로 남더라도

용기가 지나간 자리에는 희망의 꽃이 핍니다.

제가 저를 성장시키는 상처를 기꺼이 끌어안게 하시고

제 안의 상처로 신앙의 깊이를 더하게 하소서.

저의 상처로 인해 제가 타인에게 적의를 품거나

냉소적이 되지 않도록 지켜 주소서.

또 저의 상처뿐만 아니라 주변 사람들의 상처를 살피며

서로의 상처를 나눌 때를 아는 지혜를 주시어

우리 모두가 서로에게 희망의 등불이 되도록 이끌어 주소서.

그래도 믿다

　성모님에 대한 묵상을 계속하다 보면, 모욕과 조롱을 당하는 자식을 바라보는 성모님의 고통은 그저 상상으로밖에 가늠할 수가 없다. 다른 사람들이 아들에게 가하는 잔인한 행동을 보며 성모님은 얼마나 힘들었을까.
　이미 수많은 상처를 받은 예수님이었지만, 이 사건은 더한 고통을 안겨 주었다. 기꺼이 고통을 받아들이는 성모님의 태도는 내게 큰 울림을 주었다. 성모님은 아들의 고통과 죽음을 지켜보면서도 믿음을 잃지 않을 수 있음을 보여 주었다. 눈물로 얼룩진 성모님의 믿음이야말로 내 고통이 극심할 때 간절히 매달리게 되는 선물이다.

응급 수술, 결장암 3기, 인공 항문, 열두 번의 화학 요법 치료 등등. 이만하면 충분한 고통과 괴로움을 겪었다고 생각할 수도 있지만, 예수님의 경우처럼 나의 고통은 여기서 끝나지 않았다.

본원에는 여러 암으로 방사선 치료와 화학 요법 치료의 다양한 단계에 있는 환자들이 일곱 명 있었다. 우리는 서로 연대하면서 스스로를 '화학 소녀들'이라고 불렀다.

우리는 혈액 수치가 올라가면 서로 기뻐하고 함께 웃었다. 그러다가 혈액 수치가 내려가거나 머리카락이 한 움큼씩 빠지기 시작할 땐 함께 울고 함께 좌절했다. 음식도 못 먹을 정도로 심하게 아플 때는 서로의 손을 꽉 잡아 주었다. 의사가 처방해 준 매스꺼움 완화제 이름도 공유했다.

우리는 긴 복도를 함께 걸었고, 기력을 유지하거나 회복하려고 애쓰면서 수다도 떨었다. 가끔은 늦은 밤에 차를 마시면서 죽는다는 것은 무엇인지, 죽을 때 어떤 기분이 들지에 대해 진지하게 이야기를 나누기도 했다. 희망, 두려움, 사랑을 이야기하다가 눈물을 흘리기도 했다.

치료가 중단되고 고통 완화 처치가 시작되는 때를 어떻게 알 수 있을지 서로 묻기도 했다. 누군가 고통 완화 처치를 시작하게 되면 서로 무슨 말을 해 줄지도 의논했다.

우리는 함께하면서 힘껏 안아 주고 서로 의지했다. 말은 필요 없었다. 암 환자이거나 암 환자의 가족이라면, 아마 한 번쯤은 암 지원 모임 회원들이나 가까운 친구들과 이런 대화를 나눠 보았을 것이다.

일곱 명 중에 다섯이 9개월에 걸쳐 시시히 세상을 떠났다. 이제 나를 포함해서 둘만 남았다. 우린 화학 소녀들 중에서 나이가 가장 어렸다. 우리 두 사람은 이런 질문에 맞닥뜨렸다. "우린 왜 아직 여기 있는 걸까?"

우리 둘은 화학 소녀들을 한 명씩 묻으면서 눈물을 쏟았다. 장례식은 매번 나로 하여금 뒤로 물러나서 다시 희망과 현실을 되새겨 보도록, 그리고 희망과 현실을 믿음과 연결 짓도록 해 주었다. 또한 다시 한번 나의 연약함을 직면하게 했고, 내가 어떻게 하면 더 강해질 수 있을지 계속 생각하게 만들었다. 나는 인생의 허무함을 깨달았고 두려움을 느꼈다.

나는 나의 두려움을 그 누구와도 나누지 않았다. 사람들이 곁에 있으면 어쩐지 늘 용기가 생겼기 때문이다. 희망과 현실의 역설은 얇디얇은 장막과도 같다. 용기 있는 여인들이 죽어 가는 것을 지켜보면서 내가 어떻게 희망을 간직할 수 있었겠는가.

여인들은 각자 나름의 방식으로 죽음을 껴안았다. 어떤 이들은 결코 죽을 '준비'가 되어 있지 않았다. 마치 어린아이가 자신의 곰 인형을 그러잡듯 희망을 아주 강하게 붙잡고 있었다. 또 어떤 이들은 서서히 내려놓으며 적극적인 죽음의 과정으로 조심스럽게 들어섰다.

사람마다 자신이 살아온 방식대로 죽는 건 아닐까 하는 생각이 들 때가 있다. 평생 빠르고 쉽게 변화에 적응한 사람이라면 내려놓는 일도 좀 더 쉽지 않을까? 다양한 삶의 경험 속에서 무언가를 서서히 떠나보낸 사람은 죽음의 과정에서도 서서히 내려놓지 않을까?

암 경험자로서 나는 상실, 슬픔, 희망, 받아들임, 새로운 삶, 그리고 현실에 대한 깊은 이해를 경험했다. 처음에는 침묵과 고독 속을 걸으며 나의 외적 경험을 내적 가치, 그리고 믿음과 통합하려 노력했다.

암 여정을 지나오면서, 나는 다른 사람과의 나눔을 통해 서로의 믿음과 가치를 하나로 모을 수 있다는 것도 깨달았다. 우리 화학 소녀들은 서로를 위한 성소를 만들어 냈다. 서로 비슷한 상황을 경험했기에 때로는 어떤 말도 필요가 없었다. 미소, 끄덕임, 걷잡을 수 없는 눈물이 모든 것을 말해 주었다.

테리 허쉬의 이 글이 우리의 경험을 확인시켜 주었다.

"성소를 만드는 건 치유의 장소를 만드는 일입니다. 보고 또 보여 주는 공간을 만들어 내는 일로, 이는 온 마음을 다하고 위로하거나 희망을 주기 위한 것입니다."

성모님은 예수님을 위한 치유의 장소였다. 성모님은 온 마음을 다했고, 아무 대가도 받지 않았다. 성모님은 예수님이 요셉 성인의 뒤를 이어 평범한 목수가 되길 바랐을 게 분명하다. 그런데도 성모님은 예수님이 공생활을 시작했을 때 반대하지 않았다. 성모님은 예수님의 설교를 들으며 지지해 주었고 위로해 주었다. 십자가를 지고 가는 내내, 말없이 사랑으로 지켜보던 성모님은 예수님에게 끝없는 위로와 희망을 주었다.

대부분의 암 환자들에게는 치유의 장소가 되는 가족이나 친구들이 있다. 암 환자들이 자신의 투쟁과 희망을 나눌 때

맞장구를 치고, 용기를 주고, 다정히 이야기를 들어 주고, 그냥 함께 있어 주는 누군가가 있다. 화학 소녀들 각자도 서로를 위한 치유의 공간이 되어 주었다. 우리는 서로에게 솔직했다. 온 마음을 다했고, 웃었고, 울었고, 함께 희망했다. 우리는 그렇게 서로를 위로했다. 우리는 서로에게 '일어나서 계속하라'고 격려할 때와 '고통 완화 처치에 들어갈' 때가 언제인지 직감적으로 알았다. 우리는 '치유'에 다양한 측면이 있고, 그 측면마다 기회가 있다는 걸 알았다.

오늘의 기도

선하시고 자애로우신 하느님

제가 삶에서 마주치는 사람들에게

온 마음을 다하는 순간들로 제 삶을 채워 주소서.

다정한 미소로 먼저 손을 내미는 사람들,

말없이 함께해 주길 원하는 사람들을

잘 알아보게 해 주소서.

저의 여정이 낙담하거나 희망을 잃은 사람들에게

위로와 희망이 되게 해 주소서.

제가 경험하는 치유가

치유를 기다리는 사람들에게 빛이 되게 해 주소서.

그들에게도 다른 이와 여정을 함께할 수 있는 용기를 주시어

고통과 괴로움에서 잉태된 믿음이라는 선물을

또 다른 이에게 전할 수 있도록 해 주소서.

혼자와 함께 사이의
균형을 맞추다

성모님은 십자가를 지고 가는 예수님을 말없이 걸으며 지켜본다. 이 여정 동안 예수님은 홀로 십자가를 진다. 예수님은 비틀거리고, 넘어지고, 일어나면서 십자가형이 기다리는 장소로 계속 걸어간다. 여정 도중에 시몬이라는 키레네 사람이 예수님 대신 십자가를 지라는 강요를 받는다. 성모님은 틀림없이 손을 뻗어 십자가의 무게를 함께 나눠 지고 싶었을 것이다. 어떤 어머니도 자식이 고통받는 걸 보고 싶지 않을 것이고, 자식을 땅에 묻고 싶지 않을 테니까. 성모님이 올곧은 용기로 함께 있어 준 결과, 예수님은 힘을 얻었고 하느님 아버지가 주신 사랑을 기억할 수 있었다.

 세상의 어머니들이 가진 놀라운 재능 중 하나는 우리가 기억을 잃지 않도록 해 주는 일이다. 어릴 때 나는 엄마가 들려주는 나와 형제자매들의 세례식 이야기를 듣고 자랐다. 엄마가 들려준 우리의 성장 이야기는 재미있었고, 진지했으며, 가끔은 짜증도 났지만 늘 사랑으로 가득했다. 하느님의 사랑이 우리 모두를 품어 주었음을 다시금 느끼게 해 주었다.

 우리가 지고 가는 십자가를 생각해 본다. 때로는 홀로 지고 때로는 누군가의 도움을 받아 함께 지고 간다. 또 십자가를 지는 자세를 이리저리 바꿀 힘이 있을 때도 있지만, 고통이 심할 때는 여정을 계속하기 위해서라도 한숨 돌릴 필요가 있는 순간들도 있다. 나는 도움을 청하는 것도 괜찮다는 것을 배우기까지 시간이 좀 걸렸다.

 많은 암 환자들이 도움을 청하기를 주저한다. 누구도 짐이 되길 원치 않으니까. 그리고 우리의 가족과 친구들을 보호하고 싶으니까. 우리는 그들에게 우리의 아픈 모습을 보여 주는 것도, 그들이 우리를 걱정하는 것도 원치 않는다. 하지만 다른 이들이 우리를 돕도록 허락하는 것은 중요하다. 가족과 친구들은 우리의 아픔 앞에서 무력감을 느낄 수 있기 때문이다. 그래서 그들에게 작게나마 나를 도울 수 있는 기회를 주는 것이 내가 줄 수 있는 선물임을 재빨리 깨달았다. 때로는 다른 사람에게 자신이 내게 필요한 존재임을 느끼게 해 주려고 나의 자립심을 꾹 누른 적도 있었다.

  화학 요법 치료를 받는 동안 내가 처방받은 약물 중 하나는 옥살리플라틴이었다. 이 약이 가진 최악의 부작용은 추위에 민감해지는 거였다. 난 오븐 장갑을 끼지 않으면 냉장고에서 물건을 꺼낼 수조차 없었다. 그리고 내가 먹을 음식과 음료는 모두 실온에 두거나 보온 용품에 보관해야 했다. 얼음처럼 차가운 음료를 좋아하는 나로서는 무척 고역이었다. 처음 몇 번은 그 사실을 잊고 차가운 걸 만졌다가 충격이 꽤 오래 가기도 했다. 덕분에 차가운 것을 만지면 안 된다는 것을 빨리 기억하게는 되었지만. 실내 난방기는 가장 친한 벗이 되었다. 나는 종양 전문의에게 말했다.

  "일리노이 주 겨울에는 옥살리플라틴 사용을 금지하는 법을 만들어야 해요."

  우리는 킬킬대고 웃었다.

내가 갑자기 옥살리플라틴에 과민 반응을 보인 건 열 번째 화학 요법 치료 도중이었다. 호흡이 힘들어지고 심장 박동이 빨라지더니 몸이 밝은 크리스마스 빨간색으로 변하면서 두드러기가 나기 시작했다. 간호사는 즉각 화학 요법 치료를 중단했다. 그리고 내 몸을 모니터에 연결한 뒤 의사를 불렀다. 간호사는 남아 있던 옥살리플라틴을 비워 내고는 의사가 급하게 처방한 약물을 투여하기 시작했다.

이렇듯 나는 긴급한 의료 상황에 처해 있었지만, 주변에는 가족도 친구도 그 누구도 없었다. 나는 겁에 질려 있었다. 누군가 내 손을 잡고 안심시켜 주길 바랐다. 의사와 간호사들은 모니터를 지켜보면서 반응을 완화할 여러 약물들을 주입하느라 바빴다. 약물에 효과가 나타나면서 증상들이 사라지기 시작하자 의사가 말했다.

"캐서린, 곧 괜찮아질 거예요. 모니터 수치가 점점 좋아지고 있으니까요."

의사의 말에 나는 이렇게 대답했다.

"수치가 거짓말하는 모양이네요. 난 별로 괜찮아진 것 같지가 않거든요."

의사가 나를 보고 웃으며 말했다.

"괜찮은 기분이 들기까지는 시간이 좀 걸리겠지만, 그래도 방향은 제대로 가고 있어요."

이날 나는 처치가 끝나자마자 집에 가서 내리 다섯 시간을 잤다.

나는 암 여정이라는 십자가를 지고 가면서 많은 친구들로부터 도움을 받았다. 특히 집중 치료실에 있는 동안 친구들에게 수많은 카드를 받았던 것이 기억에 남는다. 매일 나에게 친구들의 카드를 갖다 주던 간호사는 이렇게 말했다.

"당신이 얼마나 사랑받고 있는지 보세요."

이 한마디 말이 치료 과정을 시작하던 내게 큰 힘이 되었다. 한 친구는 매주 토요일마다 병문안을 와서 나와 함께 점심을 먹었다. 이런 방문들을 내가 얼마나 기다렸는지 모른다!

어느 토요일, 친구가 오자 나는 자리에서 일어나 옷을 차려입고 손에 지갑을 든 채 월마트로 가자고 했다. 가서 트레이닝 팬츠를 산 뒤(일반 바지를 입으면 수술 상처가 아팠다.) 워싱턴 파크에 가서 아트 쇼를 보자고 했다. 친구는 잠시 머뭇거렸다. 내 첫 외출을 책임질 자신이 없었던 것이다. 하지만 내 눈에서 결연함을 읽고는 언쟁을 포기했다.

그렇게 우리는 출발했다! 내가 우리 본원의 잘 알려지지 않은 구역으로 친구를 천천히 안내하는 동안, 내 외출 계획을 아무도 모른다는 사실을 친구가 알아차렸다. 나는 쇼핑 원정을 끝내고 친구에게 말했다.

"집에 가야 할 것 같아. 힘이 하나도 없어."

그렇게 끝나 버린 잠깐의 외출이었지만, 정말 좋았다.

또 다른 친구는 격주로 날 공공 도서관에 데려갔다. 우리는 중간에 커피도 마셨다. 난 아주 천천히 걸었고, 친구는 내 책들을 들어 주어야 했다. 짧은 외출이었지만 원기 회복에 도움이 되었다. 또 한 친구는 매주 신선한 꽃을 가져왔다. 방문 때마다 가져온 아름다운 꽃 덕분에 내 십자가가 좀 더 가벼워졌다. 어떤 친구는 매일 밤, 잠들기 전에 들러서 나와 함께 기도해 주었다. 내가 이 십자가를 지는 데 기꺼이 도움을 준 사람들은 셀 수 없이 많다.

이 여정이 지닌 선물 중 하나는 십자가를 홀로 지거나 다른 이에게 도움을 요청하는 것 사이에서 균형을 찾는 것이었다. 이 선물은 지금도 유효하다. 우리의 삶은 다양한 십자가로 채워져 있다. 우리는 홀로 걷는 것과 다른 사람과 함께 걷는 것 사이에서 균형을 잡는 노력을 계속해야만 한다.

오늘의 기도

선하시고 자애로우신 하느님
제 곁에는 특별한 방식으로 저를 돕는 사람들이 있습니다.
저는 그들에게 도움을 요청하고 싶다가도
걱정을 끼치기 싫어서 혹은 자립심을 잃기 싫어서
제 십자가를 혼자서만 지려 할 때가 많습니다.
'용감해지고 싶다'는 이유로 다른 사람을 밀어내는 일 없이
함께 걸을 수 있는 능력을 저에게 주소서.
그리고 저를 돕는 이들이 주는 수많은 선물을
깨달을 수 있도록 이끌어 주시고
십자가를 홀로 질 때와
다른 이에게 도움을 요청할 때를 아는 지혜를 주소서.
또한 저를 돕는 이들에게
저의 십자가를 함께 짊어지기 위해 필요한 관대함을
허락해 주소서.

집으로 돌아오다

　상세한 설명은 나와 있지 않지만, 우리는 성모님이 사랑하는 제자와 몇몇 여인들과 함께 예수님의 십자가 발아래 서 있었다는 걸 안다. 성모님은 십자가가 지나온 길을 모두 지켜보았다. 그리고 이제 십자가 발아래 서 있는 것이다. 성모님은 예수님이 공생활을 하던 기간에 일어난 여러 사건들을 떠올리며, 예수님을 십자가까지 이끈 하느님의 깊은 사랑을 생각하지 않았을까? 사람들을 치유했던 예수님의 행적, 그리고 하느님과의 관계가 '율법 조항'이 아닌 '율법 정신'에 의해야 한다는 예수님의 가르침을 생각하지 않았을까? 또 성모님이 하느님께 처음으로 응답했던 일과 성모님의 응답을 통해 예수님이 어떤 가르침을 받았는지에 대해 생각하지 않았을까?

예수님은 십자가에서 성모님을 바라본다. 그때 예수님은 성모님의 눈에 어린 고통과 괴로움을 보았을까? 어머니가 이런 끔찍한 경험을 겪지 않기를 바라지 않았을까? 고통과 괴로움 가운데에 깊은 사랑과 이해가 있었음이 틀림없다. 성모님의 뺨은 눈물로 얼룩져 있었을 것이다. 눈물은 우리가 무언가를, 또는 누군가를 몹시 사랑한다는 증표이다.

성모님과 예수님은 함께 어둠을 경험했다. 예수님은 죽음에 순종할 준비가 되었고, 성모님은 예수님 잉태 예고부터 시작된 순종의 삶을 이어 나갔다. 성모님의 삶은 순종의 순간들로 채워졌다. 순종 경험은 성모님으로 하여금 다음 순간을 준비하도록 해 주었다. 나는 매번 다시 순종하는 어머니를 조용히 지켜보는 예수님의 모습을 상상해 본다. 예수님은 어머니를 본받아 마지막으로 순종함으로써 자신을 죽음에 내맡길 수 있었다.

암 여정을 지나는 동안 나는 여러 가지 죽음을 경험했다. 첫째, 나는 아프다는 게 뭔지 알게 되었다. 몸이 따라 주지 않아 일상적인 스케줄을 해내지 못하는 게 힘들었다. 둘째, 내가 통제할 수 있는 일이 별로 없다 보니 사소한 일이 때로 큰 문제가 되기도 했다. 으깬 감자 때문에 좌절했던 일이 떠오른다. 배가 고팠던 내가 원한 건 고작 으깬 감자 한 접시였지만 결국 손에 넣지 못했다. 셋째, 나는 인공 항문인 프레드와 그로 인해 생긴 여러 변화들을 받아들이는 법을 배워야 했다. 넷째, 화학 요법 치료를 받던 중에 몇 주간 백혈구 수치가 너무 낮아서 치료를 중단했고, 몹시 피곤했다. 피곤할 정도로 피곤을 느꼈다고나 할까.

또 다른 작은 죽음은 화학 요법 치료가 끝난 뒤에 찾아왔다. 화학 요법 치료 과정 내내 종양 전문의인 G 박사는 내게 약물 부작용으로 인한 손발가락 마비나 저림 증상이 있는지 계속 물었다. 난 늘 고개를 저으며 없다고 말했다. 그런데 치료가 끝나자 저림 증상이 시작되었다. 이런 증상은 나와 같은 치료를 받은 환자들 중 약 20퍼센트에서 나타난다고 한다. 일 년 뒤에는 증상이 진정될 확률도 있다고 했지만, 불행히도 나는 해당되지 않았다. 결과적으로 그것 때문에 내가 하고 싶은 걸 못하지는 않았지만, 그저 성가실 뿐이었.

암 환자에서 암 경험자로 가는 과도기에도 힘들었다. 대부분의 암 환자들은 치료가 끝나는 날만을 기다린다. 머리카락이 가늘어지자 미용사는 축축 처진 머리카락에 어울리는 새로운 헤어스타일을 찾아 주었다. 손톱은 물렁해졌고 쉽게 부러졌다. 정말이지 머리카락과 손톱을 얼마나 정상적인 상태로 되돌리고 싶었는지 모른다. 마지막 치료에 이르자 일상적인 혈액 검사가 진행되었고, 다시 한번 백혈구 수치는 경계치에 이르렀다. 인정 많은 종양 전문의가 말했다.

"괜찮아요, 캐서린. 마지막 치료를 못 받게 되지는 않을 테니까요."

의사는 지속적인 체크 계획을 설명해 주었다. 종양 표지 검사를 위해 3개월마다 채혈을 하고 CT 촬영은 6개월마다 진행하기로 했다.

시간이 지날수록 검사와 검사 사이의 간격이 길어졌다. 투여실의 친구들, 그리고 2주마다 있는 종양 전문의와의 면담 일과가 그리워졌다. 그나마 그런 것들이 안전망이 되어 주었는데, 이제 새로운 안전망을 만들어 내야 했다. 그리고 위안을 주던 일상을 떠나보내야 했다. 이런 과도기는 암 여정의 마지막 죽음과도 같았다. 나는 간호사들, 치료가 끝나 가는 환자들, 종양 전문의에게 작별을 고했다. 그리고 심호흡을 한 뒤 미소와 함께 손을 흔들며 말했다.

"3개월 후에 만나요."

내 눈에 맺힌 작은 눈물방울은 날 놀라게 했다. 나는 화학 요법 치료가 끝나서 기쁘기도 했지만 앞으로 이어질 또 다른 과도기에 무슨 일이 있을지 몰라 두렵기도 했다. 암이 재발할까 봐 두려웠다. 활력이 예전 같지 않아서 두려웠고, 내가 암 투병을 치러 낸 암 경험자로만 규정될까 봐 두려웠다. 난 그 이상인데 말이다. 나는 다른 암 환자들과 대화하면서 이런 두려움이 아주 전형적이며, 의료 단체들은 우리처럼 암 환자에서 암 경험자로 넘어가는 과도기 환자들을 위한 지원을 향상시켜야 한다는 것도 알게 되었다. 우리에게 어떻게 해야 하는지 말해 주거나 또는 원조가 필요할 때 어디서 지원을 받을 수 있는지 정보를 주는 의사와 간호사는 드물다.

암 치유 여정 내내 나는 본원에 머물렀기 때문에 간호팀과 은퇴 수녀님들의 지원을 받았다. 은퇴 수녀님들은 멋진 치어리더이자 기도꾼들이다! 이제 나는 병에 걸리기 전에 살았던 곳으로 돌아갈 준비가 되었다. 이러한 과도기는 예상보다 훨씬 빨리 찾아왔다. 수술한 지 겨우 10주 만이었다. 나는 집에 돌아가도 될 정도로 강해졌다. 나는 혼자 살았기 때문에 내 신체적 환경뿐만 아니라 지원에 대한 기대치도 다시 조정해야 했다.

나는 갑자기 자신감이 없어졌다. '프레드와 내게 문제가 생기면 어떡하지? 얼른 와서 도와줄 사람이 누구지?' 내 의식 속에는 이런 물음들이 자주 들락거렸다. 나는 소지품을 챙기며 떠날 준비를 했다. 다시 한번, 작별 인사는 힘들었다. 그러면서도 한편으로는 일상으로 돌아갈 준비도 되어 있었다. 친한 친구와 함께 장을 보았다. 그 친구는 내가 직접 운전해 집으로 가는 동안 내 뒤를 따라와 주었다. 친구는 식료품 정리를 도와주고는 나를 한 번 안아 주고 갔다. 오랜만에 집에 있는 기분이 묘했다.

집으로 돌아오니 타임캡슐 속에 들어간 것 같았다. 문득 다급하게 응급실을 찾았던 때가 생각났다. 그때 나는 몇 시간 후면 집으로 돌아올 줄 알았다. 그런데 집으로 돌아오기까지 몇 달이 걸렸다.

침대는 어질러져 있었다. 빨랫감도 쌓여 있었고, 먼지를 털고 청소도 해야 했다. 나는 천천히 집안을 정리하기 시작했다. 청소기 돌리기는 '나의 할 일' 목록에 없어서 친구에게 전화를 걸어 청소 시간을 정했다. 나는 일을 조금씩 처리해야 했다. 활력이 돌아오고는 있었지만 완전히 회복된 건 아니었으니까.

나는 페이스도 유지해야 했다. 여전히 치료 중인데다 쉽게 피곤을 느꼈다. 집안일에 관해서는 기대치를 낮춰야 했다. 먼지를 털고 청소기를 돌리는 일은 매주 할 일에 들어가지 않았다. 난 요리하는 걸 좋아하지만 한꺼번에 몇 가지 요리를 해 두고는 데워서 먹었다. 몇 주 동안은 일한 뒤에 낮잠도 즐겼다. 다시 적응하는 것은 기대보다 오래 걸렸다. 친구들이 나의 '분별력'을 믿어 주고, 내가 어떻게 하고 있는지 계속 확인하려 들지 않아서 고마웠다. '자립적'인 것과 '지원을 받는' 것 사이에는 미묘한 선이 있었다. 나는 필요한 게 있으면 알리겠다고 친구들에게 약속했다.

나는 암 여정이 나를 변화시켰다는 사실을 깊이 인지해야 했다. 나는 결코 예전과 같을 수 없을 것이다. 내게는 새로운 가치들이 생길 것이며, 이미 죽은 자아를 슬퍼해야 한다는 걸

직감했다. 이 시점에서 새로운 나를 '규정'한다는 건 쉬운 일이 아니었다. 나는 내성적인 사람이어서 새로운 자아가 나타날 수 있게 경험들을 다시 점검해 하나로 통합하기까지 많은 시간이 걸릴 것이다.

오늘의 기도

선하시고 자애로우신 하느님
살아 있는 동안에도 작은 죽음들을 경험하게 됩니다.
우리는 이런 순간들을 감당하기 힘든 변화 앞에서
맞닥뜨리곤 합니다.
이런 순간들은 우리가 예전의 일상을 떠나보낼 때나
외로움과 두려움을 경험할 때에도 찾아옵니다.
이러한 작은 죽음의 순간들 속에서 새로운 성장이 싹트도록
제게 은총을 내려 주시고 저를 준비시켜 주소서.
예수님이 고통과 수난을 겪는 동안 성모님의 지지가 있었듯이
제게도 격려와 포옹으로 저를 지지하는 사람들이 있습니다.
성모님의 지지, 그리고 제 주변 사람들의 격려와 포옹을
잊지 않고 기억하도록 이끌어 주소서.
그리하여 제가 결코 혼자 걷는 게 아님을 깨닫게 도와주소서.

3장

살다

부활의 순간들을 기억하다

　성경에는 성모님이 부활한 예수님을 만났을 때 어디에 있었는지 나와 있지 않다. 그러나 얼마나 영광스러운 재회였을지 짐작되고도 남는다. 서로 힘차게 꽉 안아 주며 다시는 헤어지고 싶지 않다고 생각했을 것이다. 두 사람은 함께 앉아서 예수님의 가르침과 기적, 사람들과의 관계, 그리고 어떻게 희망을 잃지 않은 채 계속 하느님의 뜻에 순종할 수 있었는지를 떠올리고 되새겼을 것이다.

　부활은 무덤을 막은 큰 돌이 굴려져 있던 그 순간에 시작된다. 죽음은 미래를 이해하고, 우리를 붙잡아 두는 과거와 작별하기 위해 필요하다. 물론 고통은 우리 삶의 일부이기에

떨쳐 버릴 수 없다. 하지만 하느님의 뜻에 전적으로 순종함으로써 부활을 준비하게 된다.

부활이 느닷없이 일어난 사건이라고 믿던 때가 있었다. 하지만 나이가 들면서 부활은 죽어 가는 것과 비슷하게 점차적으로 일어난다는 걸 깨닫게 되었다. 그리고 그 사이 사이에 일시적 죽음, 즉 '정지'의 시간이 있다는 걸 알게 되었다. 마치 공중 곡예사의 공연처럼 말이다. 공중 곡예사가 한 그네에서 다른 그네로 옮겨 타기 위해 몸을 뻗는 순간, 잠시 공중에 머무는 찰나가 있다. 바로 그때 공중 곡예사가 할 수 있는 건 신뢰뿐이다. 나는 내게 일어난 일들에 완전히 순종했고, 공중 곡예사처럼 '정지'의 순간을 맞이하기도 했다. 그리고 그다음은 무엇이 따를지 모를 '미지'의 순간이 이어질 것이다. 죽음과 부활에는 용기가 필요하다. 죽음과 부활 사이에 존재하는 '대기 시간'을 정확히 알 수는 없지만, '정지'와 '미지'를 견디며 부활을 신뢰하는 것, 그것이 용기가 아닐까.

내 부활의 첫 순간은 일터로의 복귀였다. 내가 전일제 근무 스케줄을 수용하자 동료와 친구들은 지속적인 지원을 아끼지 않았다. 일상으로 복귀하니 좋았다. 비록 화학 요법 치료는 계속 진행되었지만 다시 한번 회의나 학생들에게 집중하니 좋았다. 모두들 다시 돌아온 나를 반겨 주었고, 내가 다시 예전처럼 건강해지기를 간절히 기원했다.

화학 요법 치료는 주말에 받을 수 있게 조처해 두었다. 2주마다 금요일 오전은 투여실에서 시간을 보낸 뒤, '휴대용 화학 요법 치료 세트'를 받아 들고 와서 일요일 오전까지 치료를 이어 갔다. 치료받는 주말에는 휴식이 더 필요할 것 같아서 스케줄을 비워 두었다. 본원에서 지내는 주말에는 치료받는 동안 누가 날 돌봐 줄지 걱정할 필요가 없었다. 수녀님들을 만나고 수녀님들의 도움과 지원을 받는 것이 좋았다. 다른 암 환자들의 경우, 확실한 지원 시스템이 상비되어 있는 게 아니기 때문에, 치료받는 동안 자신을 돌봐 줄 사람부터 걱정해야 한다.

다음 부활의 순간은 화학 요법 치료가 끝났을 때 찾아왔다. 많이 힘들었지만 동시에 안도감도 느꼈다. 종양 전문의인 G 박사님이 종양 표지 검사를 실시할 수 있을 때까지 3개월을 기다려야 했다. 이 검사로 화학 요법 치료의 효과를 판단하게 된다.

기다리는 일은 힘들었다. 나는 계속해서 건강한 세포가 암 세포를 대체하는 모습을 상상해 보았다. 그리고 마침내 그 날이 왔다. 첫 번째 혈액 검사 결과는 내가 바라던 그대로였다! 화학 요법 치료는 효과가 있었고, 암 세포는 아주 극소수로 줄어 있었다. 가족과 친구들이 크게 기뻐해 주었다.

현재까지 혈액 검사와 CT 촬영 결과는 좋은 상태이다. 이제 나는 암을 치유하고 이겨 낸 암 경험자가 되었다! 이런 기쁜 소식이 누구에게나 주어지는 건 아니다. 나는 6개월마다 혈액 검사를 하고, 1년에 한 번 CT 촬영을 한다. 검사 시기가 다가올 때마다 나는 복도를 천천히 걸으며 계속 좋은 결과가 나올지 궁금해한다. 만약 결과가 좋지 않으면 여러 방안을 고민해야 하지만, 나는 모든 결정의 순간에 하느님이 함께해 주시리라는 걸 마음 깊이 알고 있다. 때로 죽음과 부활의 순간은 동전의 양면과 같다. 어느 면에 집중할지 결정하는 건 우리의 몫이다.

또 다른 부활의 순간은 인공 항문인 프레드에게 완전히 적응했다고 느꼈을 때 찾아왔다. 프레드를 돌보는 일은 아주 자연스러워져서 이젠 프레드를 거의 의식하지 않게 되었다. 엄마가 어린 아기를 위한 기저귀 가방을 들고 다니듯, 나도 긴급할 때 필요한 물품이 들어 있는 '프레드' 가방을 들고 다닌다. 나는 프레드에게 새로운 경험에 대해 미리 알려 주고 준비시킨다. 처음 비행기를 탔을 때, 미연방 교통안전청에 프레드의 존재를 신고했고, 기내 압력 때문에 힘들지도 모른다고 프레드에게 설명해 주었다. 하지만 프레드는 첫 비행을 아주 잘 해냈다. 비행이 끝나자 프레드가 말했다.

"어이, 캐서린. 이제 날 '날아다니는 프레드'라고 불러 줘!"

가장 위대한 부활의 순간은 내가 마리안 대학교에서 새 직장을 얻으면서 찾아왔다. 그날은 공교롭게도 바로 1년 전, 목숨이 위태로운 상태에서 급히 응급 수술을 받았던 날이었다. 새 직장에서 나는 학부와 대학원 학생들을 가르치게 되었고, 온라인으로 수업하는 법도 배웠다. 굉장한 발전이었다. 나는 크게 성장했고, 활력이 넘치며, 새 일자리가 부여하는 새로운 도전들을 즐기고 있다. 새 동료들은 아무도 내 병력을 모른다. 나는 암 여정이 내가 할 수 있거나 또는 할 수 없는 것을 규정짓지 못하도록 늘 주의했다.

놀라운 부활의 순간은 어느 날 쓰러진 엄마와 함께 병실에 있을 때 찾아왔다. 병실에 들어온 간호사는 일상적인 질문들을 하면서도 내게서 내내 눈을 떼지 않았다. 나 역시 그 간호사를 눈여겨보았다. 마침내 우린 서로에게 말했다.

"우리 어디서 만난 것 같은데요."

그 간호사는 내가 집중 치료실에 있을 때 날 돌봐 준 간호사였다. 우린 그 사실을 동시에 알아차렸다. 간호사는 몸 상태가 많이 좋아지고 힘이 넘치는 내 모습을 보고 놀라워하며 기뻐했다.

내가 내 이야기를 나누고 비슷한 여정을 걸으며 도움의 손길이 필요한 사람들을 도울 준비가 되었을 때에도 부활의 순간은 찾아왔다. 이들은 무수한 질문에 대한 답을 찾고, 깊은 믿음을 가지려고 애쓰던 사람들이었다. 내가 처음 입원했을 때 원장 수녀님은 내게, 수도 공동체에 이메일을 보내 날 위한 기도를 청해도 되는지 물어 왔다. 나는 단호히 거절했다. 나의 암 투병은 지극히 사적인 일이라고 생각했기 때문이다. 하지만 원장 수녀님은 조금 더 밀어붙이며 말했다.

"자세한 내용은 밝히지 않고 입원했다고만 알릴게요."

그래서 나는 머뭇거리며 승낙했다. 시간이 지나면서, 나는 성모님의 발자취를 따라 걷는 것이 내내 얼마나 도움이 되었는지 나눌 필요가 있음을 깨달았다. 이 묵상들이 어느 한 사람에게라도 도움이 되었다면, 이 책을 쓴 목적이 이루어졌다고 믿는다. 앞으로 더 많은 부활의 순간들이 오리라는 것도 안다. 어떤 순간들이 올지는 모르지만, 늘 깨어 있으면서 부활의 순간들이 다가올 때마다 기쁘게 받아들여야 한다는 건 안다.

오늘의 기도

선하시고 자애로우신 하느님

부활의 순간들은 죽음에서 시작됩니다.

하나의 문이 닫히면 다른 문이 열리듯이

살면서 겪게 되는 닫힘의 다음은

또 다른 시작의 열림임을 깨닫게 해 주소서.

저에게 부활을 고대하는 인내와

부활을 기쁘게 맞기 위해 필요한 은총을 내려 주소서.

저에게 다가오는 사소한 부활의 순간들조차

그냥 지나치지 않게 하시고

제가 결코 부활의 희망을 잃지 않도록 도와주소서.

무덤을 가로막은 큰 돌이 굴려지길 지켜보며 기다리는 동안

당신이 저와 함께 계심을 일깨워 주소서.

익숙함과 새로움의 경계에 서다

복음서에는 예수님의 부활과 승천 사이의 일에 대해 자세히 나와 있지 않다. 40일은 긴 시간이다. 예수님과 제자들, 성모님, 그 외 많은 사람들이 이 선물 같은 시간을 음미하고 기억하면서 작별을 준비하는 기간으로 보냈을 것이다. 예수님은 모든 이가 세상 밖으로 나가 자신이 가르친 메시지를 전하도록 준비시키는 한편, 자신의 사명은 아버지 하느님에게로 돌아가는 것임을 알리고 다녔을 것이다. 승천의 주제는 우리에게 주어진 모든 것이 과분한 선물임을 인식하면서, 하느님이 우리 손에 새로운 경험을 놓아 주실 수 있도록 두 손을 활짝 편 채, 이제는 필요치 않은 선물을 치우는 것이다. 가진 것에 집착하지 않는 것은 우리가 평생 꾸준히 익혀야 하는 교훈이다.

삶을 통해서 우리는 수많은 관계를 만든다. 어떤 관계는 깊은 사랑으로 가득한 반면, 단순한 친분 관계도 있다. 혼신의 힘을 다해 일하도록 깊은 성취감을 주는 직장이 있는 반면, 그저 돈벌이 수단에 불과한 직장도 있다. 상실감이 깊을 만한 지속적인 사랑을 바탕으로 한 관계가 흔들릴 때, 더 큰 슬픔을 느끼기 마련이다. 이런 생각을 해 보자. "그 사람이 곁에 없으면 내가 제대로 살 수 있을까?" 또는 "내가 전념해 힘을 얻고 있는 이 직장에서 해고된다면 잘 살 수 있을까?"

암 경험자로서 나의 옛 자아를 그리워했던 순간들이 있었다. 많은 회의와 활동이 좋았고, 하루에 많은 일을 계획하며 살았다. 하루하루를 걸어간 게 아니라 거의 내달렸다고 할 수 있다. 난 계속해서 한꺼번에 여러 가지 일을 해냈다. 내가 하는 일에 완전히, 제대로 집중한 게 아니라 그저 많이 성취하기만 했다. 언제 무엇을 먹을까 하는 걱정 없이 그냥 차에 올라타 긴 여행도 할 수 있었다. 암이 재발할까 봐 또는 친구들이 죽을까 봐 걱정하지도 않았다. 현재와 현재가 품은 수많은 선물을 외면한 채 늘 미래에만 몰두하는 사람들이 눈에 거슬리지도 않았다.

나는 나의 옛 자아를 그리워하면서도 한편으로는 부활의 순간들이 새로운 사명을 위해 날 준비시킨다는 것도 알게 되었다. 내가 나의 새 자아에 익숙해지고 더 깊은 가치와 마주하게 될 때, 내가 말과 행동을 통해 자동적으로 응답하게 되리라는 것도 알았다. 새 자아에 익숙해지려면, 새 자아의 등장을 기다리는 동안 옛 자아를 살며시 붙잡은 채 옛 자아가 준 선물들을 고마워하면서 내 영혼에 자리한 슬픔을 인식해야 한다.

우리가 가진 경험은 모두 우리의 일부를 이룬다. 우리를 사랑했고 또 우리가 사랑했던 사람들을 결코 완전히 잊을 수는 없다. 비록 그들의 육신이 우리와 함께 있지 않더라도 말이다. 또한 눈과 가슴에 슬픔을 가득 안은 채 지나온 길을 결코 잊지 못할 것이다. 이런 순간들은 우리 기억 속에 영원히 새겨져 있다. 이런 기억들이 우리의 옛 자아와 새로 등장하는 새 자아를 이어 주는 구성 요소이다.

그 결과 승천을 더 깊은 수준에서 이해할 수 있는 문이 열렸다. 예수님은 어머니와 제자들이 자신의 육체적 현존과 자신이 떠난 뒤에 내려올 '성령' 사이를 연결해서 받아들이도록 도왔다. 예수님은 사람들이 자신의 육체적 부재를 슬퍼하리라는 걸 알았지만, 자신이 새롭고 다른 형태로 그들과 함께 있을 거라고 조심스럽게 설명했다. 성모님과 제자들은 열린 손과 마음으로 서서, 예수님과 관련한 새로운 방식을 받아들였다.

암 여정을 통해 나는 '왜?'라고 묻지 않는 것을 배웠다. 왜냐하면 그 질문에는 답이 없기 때문이다. 암에 걸리기 이전의 내 의료 기록을 주의 깊게 살펴본 의사가 말했다.

"캐서린, 당신은 통계적으로 예외에 속해요. 결장암 진단을 받을 만한 어떤 지표도 전혀 나타난 게 없거든요."

나에게 임하시는 새로운 예수님의 현존은 내가 암과 싸우는 사람들을 깊이 자각함으로써 드러났다. 나는 암에 걸린 사람들에 대해 들어 보긴 했지만, 이들이 지닌 경험의 깊이를 제대로 이해하지는 못했다. 그러나 이제는 장을 보거나 레스토랑에서 식사하면서 암 환자들을 점점 더 자각하게 되었다. 암 환자들은 머리에 두른 스카프와 창백한 안색, 그리고 화학 요법 치료의 예비 투약으로 처방된 스테로이드 복용으로 과하게 밝아진 눈동자 때문에 쉽게 눈에 띈다. 나는 암 환자들을 만나면 조용히 인사를 건넸고, 멀어지면서는 그들과 그 가족을 위해 기도했다.

나는 기도에 집중하고 더 오랜 시간을 묵상할 때에도 나에게 새롭게 현존하는 예수님을 느낀다. 지난날 나는 고통 중에 우리와 함께 있겠다는 예수님의 약속을 수많은 영적 독서를 통해 알았다. 그러나 이제는 예수님이 고통 중에 있는 '나'와 함께 있다는 걸 경험으로 안다. 나는 암 여정 안에서 예수님이 가까이 느껴지기도, 때로는 멀게만 느껴지기도 했다. 하지만 예수님은 다른 이를 통해서 우리 곁에 머문다는 것을 알게 되었다. 때로는 한걸음 뒤로 물러나서 우리 모두가 예수님을 품고 있음을 기억해야 한다. 내가 당신에게 도움이 필요하냐고 건네는 손길은, 바로 예수님이 건네는 손길인 것이다.

그동안 내가 삶을 있는 그대로 계속 품어 온 것처럼, 지금도 나는 신체의 상처, 인공 항문, 삶의 무상함에 대한 깊은 인식으로, 그리고 고통받는 모든 이에 대한 강한 연민으로 삶을 끌어안는다. 내가 비록 인식하지는 못하더라도, 고통 속에서 잉태한 내적 평화가 뿜어져 나오는 듯 보이는 날들이 많다. 종종 낯선 사람들이 내게 다가와 그들의 고통을 나눈다. 깊은 연민을 감지하는 듯 보이는 이들도 있다.

  나는 대부분의 날들을 춤을 추며 보낸다. 여전히 두려움 때문에 내 춤이 종종 주춤주춤하긴 해도, 그래도 내 춤은 아름다우며 하느님께서 '발코니 석'에서 나를 지켜보시며 이렇게 말씀하시리라는 것도 안다. "너는 내가 사랑하는 딸, 내 마음에 드는 딸이다."

오늘의 기도

선하시고 자애로우신 하느님

예수님과 성모님처럼 저의 삶도

죽음, 부활, 승천의 순간으로 채워져 있습니다.

제가 맞이하게 될 다양한 삶의 길에서

당신이 저와 함께 계심을 깨닫게 해 주소서.

당신께서 내려 주신 수많은 선물을 소중히 여기며

지난날의 저를 돌아보고 앞으로의 저를 준비하게 하소서.

저에게 옛 선물에서 비롯된 새 선물을

그려 볼 수 있는 능력을 주시고

슬픔에 젖어 지내는 저에게 용기를 주시어

제가 아름다운 춤을 출 수 있도록 허락하소서.

성령이 임하다

　　예수님 승천 이후 성모님과 제자들은 슬픔에 잠겼다. 이들은 무거운 마음으로 평범한 일상으로 돌아갔지만, 저녁마다 모여 예수님을 기억하고 예수님과의 추억을 공유했을 것이다. 또한 이런 생각도 했을 것이다. "이제 우린 어떻게 해야 하지?" "우리 친구이자 지도자가 떠났으니 두렵기만 하구나." 하지만 여느 날과 다름없던 어느 날, 갑자기 바람 소리가 들리면서 혀 모양의 불꽃이 각 사람 위에 내려앉는 걸 보며 이들은 성령을 깊이 체험했을 것이다.

　　성령을 체험한 이들은 두려움으로 숨어 있던 사람에서 용감하고, 열정적이고, 희망에 가득 찬 사람으로 바뀌었다. 성모님과 사도들은 이제 연약하지도, 낙담하지도 않았다. 이들은 강력한 사랑의 힘을 깨달았고, 예수님이 가르쳤던 메시지를 몸소 실천하고 전파하도록 영감을 받았다.

우리 인생에는 무수한 성령 강림의 순간이 있다. 성령을 듣고 또 느끼는 순간이 우리를 변모나 더 깊은 성장으로 인도한다. 이런 순간들에 귀 기울이고 인도하는 대로 따라가는 것도 우리의 몫이다. 대개의 경우, 이런 순간들은 예측하기나 기대하기가 어렵다.

우리 삶에서 활동하는 성령은 놀랍기만 하다. 성령은 두 가지 확실한 방식으로 일한다. 때로 우리는 성령으로 '가득 차' 있거나, 또 성령의 '인도'에 이끌리기도 한다. 이런 방식들은 종종 아주 뚜렷하게 나타나서 경험마다 이름표를 붙일 수 있을 정도로 구분이 가능하지만, 때로는 이들 방식들이 서로 뒤엉켜 구분하기 힘든 때도 있다. 활동 중인 성령을 자각하는 일은 이름표를 붙여 구분하는 일보다 훨씬 중요하다. 우리가 경험하는 모든 성령 강림의 순간은 사랑에 뿌리를 두며, 우리가 받은 사랑을 나누게 만든다.

최근에 건강 보험과 여러 형태의 보장 보험에 대해 낯선 사람과 이야기를 나눈 적이 있었다. 나는 대체로 공적인 관계에서 사적인 이야기를 하지 않는 편이라, 내가 인공 항문을 달고 있는 결장암 경험자임을 밝히지 않는다. 그런데 성령이 임했음을 느낀 나는 어떤 이유에서인지 낯선 남자에게 그 사실을 밝혔다. 그는 나를 보며 이렇게 말했다.

"나도 결장이 없어요. 내게 있는 J형 결장 낭이 계속 문제를 일으켜요. 당신의 경험을 좀 들어 볼 수 있을까요?"

우리는 이런 대화를 지속하면서 편안함을 느꼈다. 서로에 대해 솔직하게 밝힌 것이 앞으로의 대화를 위한 문을 열어 준 셈이었다. 그는 곧 J형 결장 낭을 폐기하고 영구 인공 항문으로 복구하는 수술을 받기로 했다. 성령의 이끄심으로 나는 프레드를 보살피는 데 도움이 된 제품들을 공유하고, 몇 번의 좌절 끝에 프레드를 받아들이는 법을 배우게 된 경험도 나누었다.

1년 넘게 소식이 없던 친구가 최근에 연락을 해 왔다. 친구는 내가 수술을 받은 시기와 비슷한 때에 간 이식 수술을 받았다. 간 이식에는 별 문제가 없었지만 궤양성 대장염 때문에 결장 수술을 앞두고 있었다. 친구는 내가 인공 항문을 장착한 사실을 모른 채 결장 수술에 대해 물어보았다. 그리고 좌절하고 분노했다.

"캐서린, 난 그냥 쉬고 싶어."

그 친구의 말에 전적으로 공감한다. 건강 문제를 연달아 겪다 보면 더 깊은 해결책을 찾아 나서게 된다. 이번에도 난 친구에게 마음을 터놓고 결장 수술과 인공 항문의 적응 기간에 대해 자세하게 알려 주었다. 친구는 내 인공 항문에 대해 듣자 무척 놀라며 말했다.

"전혀 몰랐어. 옷을 멋지게 차려 입어서 프레드는 낌새도 못 챘지."

나는 친구를 위해 기도할 것을 약속하면서 계속 연락하자고 말했다.

지난 여름, 나는 피정을 하던 중에 일기를 다시 읽으면서 수술과 화학 요법을 치러 내고 회복하는 동안 내가 경험한 방식들을 살펴보기 시작했다. 그때 갑자기 내 경험을 기록하고 정리해 보라는 성령의 속삭임이 들렸다. 고백하자면, 며칠 동안 성령의 설득을 외면하려고 무척 애썼다. 하지만 곧 그 이야기를 시작하고 또 다양한 관점에서 바라볼 필요가 있음을 깨달았다. 성령은 내가 암 여정을 더 깊이 받아들이도록 이끌어 주었다.

시간이 조금 지난 뒤, 잠시 외과의를 만나러 사무실에 들렀을 때 나도 모르게 이런 말이 불쑥 튀어나왔다.

"인공 항문을 받아들이는 문제로 힘들어하는 사람이 있으면 제게 연결시켜 주세요. 기꺼이 제 여정을 나누고 싶어요."

이렇게 말하는 내가 정말 낯설고 새롭게 느껴졌다.

성령은 다른 사람들을 향해 좀 더 연민을 갖도록 나를 이끌어 준다. 모든 이의 삶에는 무수한 상실이 있음을 나는 깊이 이해한다. 모든 상실에는 치유할 시간이 필요하다. 상실은 다양하게 포용될 필요가 있다. 상실은 우리를 산란하게 만들어 집중하지 못하게 방해한다. 자신의 상실을 나눌 때 비로소 사람들은 상실을 이해하기 시작한다.

대학 교수인 나는 할아버지와 할머니의 죽음, 소중한 사람과의 이별, 부모의 이혼, 그리고 실직을 경험하는 많은 학생들을 본다. 성령의 힘으로 나는 학생들이 자신의 이야기를 나누도록 이끌어 낸다. 집중하기 힘들어하는 학생에게는 좀 더 시간을 주기도 한다.

어떤 때는 성령이 근심하고 불안해하는 내 마음을 이끌어 호숫가를 걷게 하거나 아름다운 나무와 반짝이는 호수, 그리고 따스한 햇살을 품게 해 준다. 그러면 내 마음은 고요, 위안, 그리고 하느님의 깊은 현존을 느끼게 된다.

나는 위스콘신의 새 직장으로 옮기면서 기쁨과 평화의 성령을 가득 받았다. 기꺼이 내 암 치료를 관리해 줄 종양 전문의와 주치의를 만났기 때문이다. 난 그들을 신뢰한다. 또 그들의 보살핌과 연민에 점점 감사하게 된다. 그리고 새로운 일자리는 내게 도전 의식을 불러일으키면서도 내가 살아 있다는 것을 느끼게 해 준다.

성령으로 가득 찼던 또 다른 경험은 싯다르타 무케르지(미국의 종양 학자이자 의사 - 옮긴이)의 《유전자의 내밀한 역사》를 읽으면서 찾아왔다. 인간의 몸이 얼마나 복잡하며 우리의 유전자와 휴먼 게놈이 우리를 만드신 하느님의 모상을 얼마나 닮았는지 불현듯 깨닫게 되면서 경외감을 느꼈다. 학자들이 암 치료제를 계속 연구함에 따라 유전학 연구도 많은 가능성을 제시하고 있다.

우리에게는 성령이 이끄는 대로 응답을 하거나 또는 응답을 하지 않을 선택권이 있다. 성령은 언제나 우리가 관계 맺은 사람들과 더 깊은 하느님의 사랑 안으로 우리를 이끌어 준다. 우리는 자신이 날마다 사랑을 향해 다가가고 있는지 돌아볼 필요가 있다. 우리는 살아가면서 곤경에 빠진 누군가를 도우라고 요청하는 성령을 알아차릴 수 있을까? 우리가 다른 사람의 상실에 귀 기울일 때 연민으로 흐르는 눈물을 깨달을 수 있을까? 오로지 함께 있어 주는 것만이 필요할 뿐, 말은 다른 사람의 성장을 해칠 수도 있음을 알아차릴 수 있을까? 우리가 예수님의 손과 발이 되도록 격려해 주는 성령을 바라보고 또 성령에 귀 기울일 수 있도록 하느님께 청해 본다.

오늘의 기도

선하시고 자애로우신 하느님
당신은 우리가 만나는 모든 이에게
당신의 깊은 사랑을 나누라고 이르셨습니다.
당신의 뜻에 따라 희망이 필요한 이들을 포용할 수 있도록
넓고 깊은 마음과 용기를 주소서.
제가 지칠 때나 다른 이에게 다가갈 기분이 아닐 때에도
예수님의 손과 발이 될 수 있도록 도와주소서.
제가 성령 강림의 순간들을 알아챌 수 있게 이끌어 주시고
나눔을 청하는 이의 마음 안에서
성령을 더 깊이 느낄 수 있게 해 주소서.

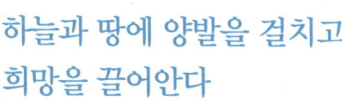

하늘과 땅에 양발을 걸치고 희망을 끌어안다

성경에는 성령 강림과 성모님을 하늘에 불러올린 신비 사이에 무슨 일이 있었는지 나와 있지 않다. 예수님의 메시지와 사명을 전하라는 소명을 깊이 이해한 성모님과 제자들은 일상의 임무들을 계속 해 나갔을 것이다.

이 신비를 묵상하다 보니 두 가지 생각이 스친다. 첫째, 성모님의 승천은 우리에게 이 삶 너머에 또 다른 삶이 있다는 희망을 준다. 또한 모든 성인의 통공에 대한 믿음을 깊게 만든다. 둘째, 우리의 고향은 하늘과 땅, 두 곳이다. 때로 우리는 지상의 여정에 너무 익숙해져서 우리가 영원을 향해 가는 순례자임을 잊고 지낸다.

인간은 죽음을 맞이할 때 편안한 스웨터, 안식처인 집, 우리가 가꿔 온 관계들, 그리고 익숙한 모든 것을 두고 떠난다. 살아 있는 동안 우리는 사회적으로 성공하고 성장하길 바라면서, 한편으로는 예수님과 성모님, 그리고 모든 성인의 발자취를 따라 걷고 싶어 한다. 이처럼 우리의 마음은 이율배반적인 혼란에 빠지기도 한다. 이들 가치 사이에는 종종 긴장감이 생기고, 우리는 선택을 한다. 하지만 결국 우리는 죽음의 순간에 충만한 생명이 우리 영혼을 채워 줄 것을 소망한다. 그리고 하느님께서 "이는 내 아들, 내가 사랑하는 이, 내 마음에 드는 이다."(2베드 1,17)라고 말씀하시며 본향으로 돌아오는 우리를 맞아 주시리라는 희망 속에 살아간다.

나는 암 여정을 지속하면서, 또 암 환자들과 암 경험자들을 만나면서, 환자와 지원 모임 사람들이 하늘과 땅에 계속 양발을 걸치고 있다는 걸 깨달았다. 사람들은 힘겨워하면서도 한편으로는 의사가 치료에 성공하거나, 자신들의 병세에 차도가 있으리라는 희망으로 가득 차 있다. 사람들은 가고 싶은 곳과 만나고 싶은 사람, 갈망하던 경험들을 적어 '버킷 리스트'를 만든다.

암 임상 실험에 기꺼이 참가하는 환자들은 자신들이 받게 될 치료가 생명을 연장해 주고, 또 미래의 암 환자들에게 새로운 치료법과 희망을 선사하기를 바란다. 많은 환자들과 가족, 친구들도 마라톤이나 걷기 대회 등에 참가해서 암 연구를 위한 기금을 모은다. 온라인 지원 모임에서도 정보와 함께 연민과 희망을 제공한다.

또 한편으로는, 영원을 갈망하는 날들도 있다. 소소하게나마 하느님의 현존을 체험하게 되면 하느님의 영원한 현존을 갈망하게 된다. 화학 요법과 방사선 치료는 어떤 면에서는 피해가 심각하고, 희망도 낮은 데다, 매력적인 외모도 포기해야 한다. 간병하는 사람도 지쳐 버린다. 그들은 사랑하는 사람의 고통을 지켜보면서 얼마나 더 견뎌 낼 수 있을지 근심에 빠지게 된다. 많은 암 환자들은 고통 완화 처치가 언제 시작될지 직감으로 안다. 병원 호스피스나 가정 호스피스는 환자와 가족들이 여정의 마지막 구간을 잘 준비하도록 돕는다. 죽음의 마지막 과정에서 연민 어린 손과 가슴들이 환자를 따뜻하게 보살펴 주는 것이다.

나는 복음 장면 속에 있는 나를 상상하며 기도하는 것을 좋아한다. 모든 성인 대축일(11월 1일 - 옮긴이)에는 여러 성인과 함께 천국을 걷고 이야기를 나누는 나를 상상해 본다. 강하고 용기 있는 여성이었던 시에나의 가타리나 성녀, 또 학식이 풍부했던 토마스 아퀴나스 성인과 시간을 보내는 모습도 상상했다. 토마스 아퀴나스 성인은 우리 모두가 하느님이 서로에게 빌려 준 도서관 책과도 같다고 생각했다. 때문에 마침내 '반납일'이 되면 모두가 하늘로 돌아가야 한다고 믿었다.

나는 또한 세상을 떠난 우리 아버지, 할아버지, 할머니, 그리고 영원을 누리는 친구들과 함께 걷고 대화했다. 모든 성인의 통공에 대한 나의 믿음은 더 강해졌다. 살아 있는 사람들만 나를 위해 기도해 주는 게 아니라 아버지, 할아버지, 할머니, 몇몇 친한 친구들 역시 하늘에서 나를 지켜보고 있다는 걸 알았다. 기도 시간에 천국에서 날 위해 기도해 주는 사람들의 호칭 기도를 만들어 보았다. 그동안 잊고 있었던 사람들까지 다시 이어 주는 아주 좋은 기도였다.

또 하나 주목할 만한 것은, 하느님이 성모님을 하느님 당신에게까지 들어 올리셨으며, 나도 다른 이들을 하느님께로 들어 올림으로써 이에 동참할 수 있다는 사실이다. 이는 기도와 봉사로 가능하다.

　우리는 서로 기도를 청하는 경우가 많다. 때로는 위기 때문에, 때로는 받은 선물에 감사하는 마음으로 기도를 청한다. 또는 자신을 위해 기도해 달라고 우리에게 청하는 이들도 있다. 물론 우리 삶에는 기도할 수 없는 때도 있다. 정신적, 육체적 고통 때문에 믿음이 약해지거나, 하느님께로 마음을 들어 올리려 해도 마음을 진정시킬 수 없는 때가 있다. 하지만 우리는 알게 모르게 많은 사람들의 기도 명단에 들어가 있다. 사람들에게서 "당신을 위해 기도하고 있어요."라는 말을 듣는 게 얼마나 큰 은총인지 모른다.

　내 영혼에 강한 인상을 남긴 영적 체험을 한 건 화학 요법 치료가 거의 끝나 갈 무렵이었다. 암 여정 내내 수도 공동체 전체가 날 위해 기도하고 있었고, 나는 그 사실을 잘 알고 있었다. 나는 모임 때문에 본원에 있었는데 일정에 미사가 포함되어 있었다. 한 수녀가 내게 성체 분배를 도와줄 수 있는지 물었다. 나는 얼른 승낙했다. 성체를 분배하는 동안 나는 예수님의 몸을 모신 바로 이 손이 기도 속에 나를 들어 올렸으며, 이제 내가 사람들에게 예수님의 몸을 줄 수 있게 되었다는 사실을 깨달았다. 우리가 그리스도의 몸 안에서 어떻게 연결되어 있는지 깊이 인식하게 되자 눈물이 내 뺨을 타고 흘렀다. 그리스도의 몸을 통해 우리는 약할 때나 강할 때나 상관없이 자신을 주거나 또는 받도록 부르심을 받았다. 이는 우리가 열린 손으로 서 있을 때에만 가능하다.

자신을 주거나 또는 다른 사람에게 받는 것은 봉사를 통해 이루어지기도 한다. 우리는 시간을 내어 학교, 병원, 교구에서 자원봉사하면서 다양한 요구를 해결한다. 때로는 깨끗하게 사용한 중고 물품이나 돈을 재활용 단체, 가톨릭 자선 단체, 구세군 단체 등에 기부하는 방식으로 봉사를 한다. 가정 안에서는 소중한 가족이 편히 쉴 수 있도록 집안일을 더 맡아서 함으로써 서로 섬긴다. 배우자가 아플 때는 조용히 곁을 지킨다. 그저 함께 있어 주는 일에 시간을 더 쓰기도 한다. 우리가 하늘과 땅에 계속 양발을 걸치고 있을 때 성령이 우리의 사랑을 확장시켜 준다.

오늘의 기도

선하시고 자애로우신 하느님
저는 영원을 향해 가는 순례자입니다.
제가 이 여정에서
가족과 친구들의 지지를 받을 뿐만 아니라
모든 성인의 통공과도 연결되어 있음을
깨닫도록 도와주소서.
힘든 순간에 희망을 잃지 않게 하시고
영원에 대한 갈망을 받아들이고 포용하게 해 주소서.
하늘과 땅에 양발을 걸치느라
긴장 속에 살아가는 저에게 평화를 주소서.

성모님과 함께
신비의 길을 걷다

　이 신비를 묵상하면서 나는 종종 성모님의 왕관에 박힌 보석들을 바라본다. 내가 보기에 성모님의 왕관에 박힌 보석은 기다림, 순종, 고통, 믿음, 그리고 사랑을 의미한다. 각각의 보석은 성모님이 하느님과 맺은 관계뿐만 아니라, 성모님과 함께 걸었던 사람들과의 관계도 나타낸다.

　성모님은 인생의 많은 시간을 '기다림'으로 보냈다. 성모님은 아홉 달 동안 예수님이 태어나길 기다렸다. 그 아홉 달을 기다리는 동안 성모님은 예수님을 먹이고, 키우고, 지키고, 보호했다. 성모님은 자신 안에서 예수님이 자라고 있음을 잘 알고 있었다.

성모님은 엘리사벳과 함께 요한 세례자가 태어나길 기다리기도 했다. 성모님과 요셉 성인이 집으로 돌아오는 길에 예수님을 잃어버렸을 때, 성모님은 자신에게 의탁된 사람을 잃어버린 사실에 당황하며 불안한 심정으로 예수님을 기다렸다. 예수님을 찾을 수도, 붙잡을 수도 없었던 성모님은 공허함 속에서 기다릴 뿐이었다.

암 환자와 암 경험자로서 우리는 기다린다. 수술에서 회복되어 화학 요법 치료나 방사선 치료를 시작하기를 기다리고, 혈액 검사와 CT 촬영 결과가 좋기를 숨죽이며 기다린다. 머리카락이 다시 자라고 머리숱이 정상으로 돌아오길 기다리고, 몸무게가 회복되길 기다린다. 약물 부작용이 진정되거나 적어도 줄어들기를 기다린다. 옛 자아의 죽음을 슬퍼하면서 새로운 자아가 태어나길 기다린다. 다른 암 환자들과 함께 기다린다. 성모님과 함께 기다린다.

기다림은 때로 '순종'으로 이어진다. 성모님은 기다림 속에서 예수님처럼 기도했을 것이다. "제가 원하는 것을 하지 마시고 아버지께서 원하시는 것을 하십시오."(마르 14,36)

성모님은 하느님께 계획이 있음을 알았는데, 이는 신비로 가득 찬 계획이었다. 이 계획은 조금씩 드러나게 되어 있었다. 성모님이 본 건 '대단한' 계획이 아니었다. 하느님이 무엇을 요구하시든 간에, 성모님은 자신이 하느님께 순종할 때 하느님이 함께하신다는 믿음과 신앙 속을 걸어가야 했다. 성모님이 이 믿음과 신앙을 몸소 보여 줌으로써 예수님도 믿음과 신앙 속을 걸어가는 것을 배웠다.

암 여정에는 수많은 순종의 순간들이 있다. 우리는 우리 계획과 통제의 환상에 순종한다. 수중에 있는 정보로 가능한 한 최선의 결정을 내린다. 앞으로 있을 의학적 발전만을 기다리고 있을 수는 없으니까 말이다. 우리는 육체적, 감정적 반응에도 순종한다. 우리 몸이 치료에 어떻게 반응할지는 전혀 예측할 수 없다. '대부분의 사람들'이 잘 반응한다고 해서 우리가 그 '대부분의 사람들'에 속하는지는 보장할 수 없다. 우리는 끊임없는 건강 문제에서 '조금 쉬고 싶은 마음'에 순종한다. 어떤 순간이든 우리는 성모님과 함께 순종한다.

날마다의 삶에서 '고통'은 찾아오기 마련이다. 성모님은 십자가형으로 이어지는 일련의 사건들을 지켜보면서 예수님과 함께 고통받았다. 죽은 아들을 두 팔로 감싸 안으며 예수님과 함께 고통받았다. 눈에서는 눈물이 흘러내렸지만 믿음에 의지했다. 마침내 작은 빛이 어둠을 몰아내리라는 것을 알고 있었다.

우리도 마찬가지이다. 우리의 삶은 때로 우리를 덮치는 고통으로 가득 차 있다.

"당신은 암에 걸렸어요."

"치료를 받는 동안 머리카락이 빠지고 속이 매스꺼울 수 있습니다."

"에너지가 바닥날 테니 체력을 유지하는 방법을 배워야 합니다."

우리는 우리를 위로하고 안심시키기 위한 적절한 말을 찾느라 애쓰는 사람들의 무력감을 감지한다. 사람들에게 가능한 한 아무렇지 않게 반응하려고 스스로를 내모는 자신의 무력감도 감지한다.

"아무개 씨가 방금 돌아가셨어요. 일주일 전에 화학 요법 치료를 받으면서 함께 이야기도 나누셨던 분이죠."

"미안합니다. 우리가 해 드릴 수 있는 건 고통 완화 처치밖에 없네요."

우리도 성모님처럼 고통받는다. 고통은 우리가 '믿음을 잃지 않도록' 해 준다. 성모님은 전 여정을 하느님과 함께 걸었다. 신비 속을 걷는 건 힘든 일이다. 성모님이 '왜?'라고 물었던 수많은 경우에도 답은 없었나. 성모님이 '이 모든 일을 마음속에 간직했던' 수많은 경우에도 답은 없었다. 성모님의 영혼은 인생의 모든 고락을 지나오면서도 믿음을 잃지 않았다.

암 여정은 답이 없는 무수한 질문들로 가득하다. 암 환자로서 우리는 의문을 가진다. '병원에 좀 더 일찍 갔더라면 어땠을까? 좀 더 적극적이었더라면 어땠을까? 내가 곁에 없으면 친구들과 가족은 어떻게 될까? 삶의 긴박함을 어떻게 하면 완화할까? 도움을 청하면서도 어떻게 자립심을 잘 유지할 수 있을까?'

우리는 서로 이렇게 상기시킨다. 이유와 원인은 중요하지 않지만 믿음을 잃지 않도록 서로 돕는 건 우리의 능력이란 사실을 말이다. 믿음은 다른 이들이 우리를 위해 바치는 기도뿐만 아니라, 다소 산만하지만 우리가 다른 이를 위해 바치는 짧은 기도에서도 비롯된다. 우리가 다른 이들과 친밀한 대화를 나누고, 이를 통해 커지는 영적 선물들을 탐구하는 동안 믿음이 생긴다. 우리보다 앞서 이 길을 걸었던 사람들이 몸소 믿음을 보여 주었다. 우리는 수많은 친구들과 지인들의 용기, 그리고 투지를 기억한다. 우리는 성모님과 함께 믿음 속을 걷고 있다.

마지막 보석은 모든 보석을 뛰어넘는다. 성모님은 '사랑'으로 가득한 분이며, 성모님을 이끄는 것이 바로 사랑이다. 성모님이 했던 모든 '예'는 하느님, 가족, 그리고 관계를 맺은 모든 이를 향한 깊은 사랑에서 나온 것이다. 성모님이 어떤 결정을 내릴 때 다음처럼 질문하는 모습을 그려 본다.

"이 결정이 사람들과 하느님을 향한 내 사랑을 어떻게 깊어지게 하는가?"

성모님은 깊은 연민과 사랑으로 모든 이에게 응답했다. 암 환자로서 우리 역시 곁에 있는 사람들을 많이 사랑한다. 처음 진단 결과를 듣는 순간, 많은 이들이 가족, 친구, 그리고 하느님을 향한 사랑을 확인하게 된다. 그리고 주변 사람들을 향한 사랑이 치료를 결심하게 만든다. 우리에게는 더 오래 사랑할 시간이 많이 필요하니까.

치료가 시작되고 지속되면서 모두가 타격을 입지만, 우리는 서로를 향한 깊은 사랑으로 좌절 대신 눈앞의 강한 사랑에 기꺼이 집중한다. 약물 투여실, 암 지원 모임, 인공 항문 지원 모임의 새 커뮤니티에서 새롭고 또 가끔은 오래 지속되는 관계를 만들어 가면서 우리의 사랑은 커지고 깊어진다.

이런 비문을 읽은 적이 있다.

"이분은 많이 사랑했습니다."

성모님의 삶뿐만 아니라 대부분의 암 경험사들의 삶 역시 이 문구로 요약될 수 있을 것이다. 성모님의 모든 행동은 사랑에서 비롯했다. 사랑은 결코 감출 수 없다. 우리는 성모님과 함께 사랑한다.

오늘의 기도

선하시고 자애로우신 하느님
당신이 주신 수많은 선물 앞에서 감사와 찬미를 드립니다.
특히 당신과 함께 걷는 법을 가르쳐 주신 성모님을
저에게 보내 주셔서 감사드립니다.
좋을 때나 힘들 때나 성모님께 의탁하게 하시고
희망과 절망의 순간에 성모님이 저를 이끌어 주도록 하소서.
제가 흔들릴 때 믿음과 용기를 북돋아 주시고
영원을 향한 여정에서 저의 사랑이 더 깊어지게 해 주소서.

성모 찬미가
'아카티스토스'

1

천사들 가운데 으뜸 천사
하늘로부터 파견되어
하느님의 어머님께 인사드립니다.
"기뻐하십시오."
천사의 영적 인사와 더불어 잉태되어 인간이 되신 주님!
당신을 바라보면 놀라움을 금할 수 없습니다.
어머니 마리아께 외칠 수밖에 없습니다.
기뻐하십시오. 당신 때문에 기쁨이 넘쳐흐릅니다.
기뻐하십시오. 당신 때문에 저주는 거두어집니다.
기뻐하십시오. 아담으로 말미암은 타락에서 회복됩니다.
기뻐하십시오. 하와의 눈물을 되갚으신 분.
기뻐하십시오. 인간의 생각으로 닿을 수 없는 높음이시여.
기뻐하십시오. 천사들의 눈길로도 꿰뚫을 수 없는 깊음이시여.
기뻐하십시오. 모든 것을 보살피시는 임금님의 옥좌시여.
기뻐하십시오. 모든 것을 가져다주시는 분.
기뻐하십시오. 태양에 앞서 밝히시는 별이시여.
기뻐하십시오. 하느님을 인간이 되게 하신 자궁이시여.

기뻐하십시오. 당신으로 말미암아 창조는 새로워집니다.
기뻐하십시오. 당신으로 밀미암아
창조주께서 피조물 인간이 되십니다.
기뻐하십시오. 당신으로 말미암아
창조주께서 흠승을 받으십니다.
기뻐하십시오. 오 동정녀시여, 신부시여!

2

모든 것을 분명하게 이해하신 거룩하신 동정녀
가브리엘 천사에게 신뢰하며 말씀하십니다.
"당신의 기이한 말씀 알아듣기 어렵지만 내 영혼에 울립니다.
당신은 씨앗을 품지 않고서도 이루어지는
생명의 잉태를 선언하십니다."
환호합니다. 알렐루야!

알지 못하는 신비 깊이깊이 묵상한 동정녀
당신께 인사를 건넨 천사에게 묻습니다.
"품지 않은 자궁이 어떻게 아이를 낳을 수 있습니까?
말씀해 주십시오."
대천사, 큰 경외심으로 대답합니다,
기뻐하십시오. 말할 수 없는 하느님의 계획을
수행하기로 되어 있으신 분.
기뻐하십시오. 그 신비를 침묵으로 믿으신 분.
기뻐하십시오. 그리스도의 기적들의 전주곡이시여.
기뻐하십시오. 그분의 모든 가르침이시여.
기뻐하십시오. 하느님께서 내려오시는 천상 계단이시여.
기뻐하십시오. 지상에서 천상으로 인도하는 다리시여.
기뻐하십시오. 천사들로부터 찬양받을 표징이시여.
기뻐하십시오. 악마들에게는 아픈 상처시여.
기뻐하십시오. 당신은 형언할 수 없는 빛을 낳으셨습니다.
기뻐하십시오. 당신은 아무에게도 알려지지 않은 비밀을
낳으셨습니다.

기뻐하십시오. 당신의 지혜는 박사들의 지혜를 능가합니다.
기뻐하십시오. 당신은 신자들의 마음을 비추는 빛이십니다.
기뻐하십시오. 동정녀시여, 신부시여!

4

높으신 분의 힘이 혼인도 하지 않으신 당신을 품으시어
당신의 태중을 풍요롭게 하셨습니다.
구원의 모든 추수꾼들에게 풍요로운 들녘처럼.
찬미합니다. 알렐루야!

5

태중에 하느님을 잉태하신 동정녀께서는
엘리사벳에게 달려가셨습니다.
언니의 태중 아기가 인사를 듣고 즐거워 뛰놀았습니다.
하느님의 어머니께 용약하며 노래하듯 기뻐 외칩니다.
기뻐하십시오. 썩지 않는 줄기부터 뻗어 나온 포도 넝쿨이시여.
기뻐하십시오. 튼실한 열매를 맺으신 분.
기뻐하십시오. 인간들을 사랑하시는 양육자를 키우신 분.
기뻐하십시오. 우리들의 생명을 창조하신 이를 낳으신 어머니.
기뻐하십시오. 연민의 새싹이 풍요롭게 돋아난 땅이시여.
기뻐하십시오. 자비가 넘치는 넉넉한 식탁이시여.
기뻐하십시오. 당신은 기쁨의 초원에 꽃이 만발하게 하십니다.
기뻐하십시오. 당신은 영혼의 안전한 포구이십니다.
기뻐하십시오. 은혜로운 청원의 분향이시여.
기뻐하십시오. 오 세상을 위하여 하느님의 노여움을 푸시는 분.
기뻐하십시오. 죽은 자들에게 내리시는 하느님의 관대함이시여.
기뻐하십시오. 하느님을 신뢰하며 죽은 자들의
담대한 말씀이시여. 기뻐하십시오. 동정녀시여, 신부시여!

마음속 깊은 곳에서
서로 엇갈리는 생각으로 흥분을 감추시 못하며
지혜로운 요셉도 당황하고 있습니다.
당신께 근접하지 못한 그분을 생각하면
의심스러운 은밀한 사랑.
그러나 비난할 수 없는 일이었습니다.
성령으로 말미암은 것임을 알게 되었을 때는,
외칩니다. 알렐루야!

7

목동들이 천사들의 노래를 듣습니다.
"그리스도께서 사람이 되시어 오신다."
목동들 그 목자 보러 달려갑니다.
마리아 품에서 젖을 빠는 순진한 어린양을 봅니다.
기뻐하십시오. 목자의 어머니, 어린양의 어머니.
기뻐하십시오. 양 떼들의 사려 깊은 양 우리시여.
기뻐하십시오. 보이지 않는 적으로부터 지켜 내시는 보루시여.
기뻐하십시오. 천상 문의 열쇠시여.
기뻐하십시오. 하늘이 땅과 함께 찬양합니다.
기뻐하십시오. 당신은 증언하는 사도들의 입이십니다.
기뻐하십시오. 당신은 감히 꺾을 수 없는 순교자들의
용기이십니다.
기뻐하십시오. 신앙의 튼튼한 기반이시여.
기뻐하십시오. 은총의 찬란한 깃발이시여.
기뻐하십시오. 당신으로 인해 지옥은 벌거벗겨지고
당신으로 우리는 영광의 옷을 입게 되었습니다.
기뻐하십시오. 동정녀시여, 신부시여!

하느님께서 인도하는 별을 보고
동방 박사 그 빛을 따랐습니다.
전능하신 주님을 찾을 수 있게 하는 횃불과도 같았습니다.
지성으로 파악할 수 없는 그분께 당도하였습니다.
기뻐 찬양하며 외칩니다. 알렐루야!

칼데아의 동방 박사들이
동정녀 품에 안기신 인간의 창조주를 보았습니다.
주님께서 종의 모습을 취하신 것을 보았습니다.
사려 깊은 그 박사들, 선물로 그분께 영광을 드립니다.
복되신 어머니를 찬미합니다.
기뻐하십시오. 지지 않는 별들의 어머니!
기뻐하십시오. 신비로운 날들의 여명이시여!
기뻐하십시오. 당신은 오류의 용광로 불길을 끄셨습니다.
기뻐하십시오. 삼위일체 신비의 빛을 비추기 시작하였습니다.
기뻐하십시오. 인간의 원수 폭군을 그 권좌로부터
끌어내리셨습니다.
기뻐하십시오. 당신은 인간의 친구 주님
그리스도를 드러내 보이셨습니다.
기뻐하십시오. 이방인들을 미신으로부터 자유롭게 하셨습니다.
기뻐하십시오. 부정한 행동으로부터 해방시키셨습니다.
기뻐하십시오. 불의 우상 숭배는 파괴되었습니다.
기뻐하십시오. 격정의 불꽃은 사위었습니다.

기뻐하십시오. 지혜가 믿는 이들을 인도합니다.
기뻐히십시오. 기쁨이 세세 내내로 선해집니다.
기뻐하십시오. 동정녀시여, 신부시여!

10

고향 바빌론으로 되돌아가면서
동방 박사들은 하느님의 전령이 되었습니다.
예언의 사명을 수행합니다.
모두에게 그분이 그리스도이심을 전합니다.
어리석고 경망스런 헤로데로서는 전혀 부를 수 없는
노래를 부릅니다.
알렐루야!

11

참빛이 이집트에 비추자 오류의 어둠이 사라집니다.
구원자시여, 당신의 힘을 견딜 수 없는 우상이 무너집니다.
그들을 쳐부수신 하느님의 어머니께 노래합니다.
기뻐하십시오. 인간들의 격상이시여,
기뻐하십시오. 악마들을 쳐부수시는 분.
기뻐하십시오. 당신은 사기와 거짓을 짓밟고
우상과 오류의 가면을 벗겨 내신 분.
기뻐하십시오. 파라오의 군대를 삼키신 바다시여.
기뻐하십시오. 목마른 자들에게 생명의 물을 뿜어내시는
바위샘이시여.
기뻐하십시오. 어둠에 있는 백성을 인도하시는 불기둥이시여.
기뻐하십시오. 구름보다 넓은 세상의 안식처이시여.
기뻐하십시오. 만나 다음으로 내려 주신 음식이시여.
기뻐하십시오. 거룩한 찬미의 사도시여.
기뻐하십시오. 젖과 꿀이 흐르는 약속의 땅이시여.
기뻐하십시오. 동정녀시여, 신부시여!

시메온이 속절없는 이 세상을 떠날 무렵,
당신은 아기 예수님을 봉헌하셨습니다.
시메온은 하느님을 참으로 알아보았습니다.
당신의 무한한 지혜로 감동을 받아 노래합니다.
알렐루야!

13

창조주께서 당신으로 말미암아 태어나신 그분을
우리에게 드러내 보이시며 창조를 새롭게 하십니다.
씨앗을 품지 않은 태중으로 흘러들어
그렇게 동정을 보존케 하셨습니다.
모두가 그 기적을 친상할 수 있도록 당신께 노래힙니다.
기뻐하십시오. 한 송이의 완벽한 꽃이시여.
기뻐하십시오. 정결의 화관이시여.
기뻐하십시오. 당신은 앞서 선언한 부활을 더욱 빛나게 하십니다.
기뻐하십시오. 천사들의 삶의 신비를 알려 주십니다.
기뻐하십시오. 풍성한 열매를 맺은 나무시여.
기뻐하십시오. 믿는 이들의 풍요로운 음식이시여.
기뻐하십시오. 잘못하는 이들을 인도하시는 분을
당신 태중에 모시었습니다.
기뻐하십시오. 많은 사람들에게
휴식처인 그늘을 만들어 주시는 나무시여.
기뻐하십시오. 당신은 노예들을 속량(贖良)하시는 분을
낳으셨습니다.

기뻐하십시오. 정의로운 심판관에게 드려지는 호소이시여.

기뻐하십시오. 많은 죄인들의 용서이시여.

기뻐하십시오. 헐벗은 사람의 의복이시여.

기뻐하십시오. 진실한 말씀이시여.

기뻐하십시오. 모든 걱정을 이기시는 사랑이시여.

기뻐하십시오. 동정녀시여, 신부시여!

14

그처럼 놀라운 출산에 감탄하며
우리 자신을 세상으로부터 끌어내어
하늘을 향하여 생각을 펼치게 하십니다.
이 땅 위에 그 높으신 분의 겸손하심과 선하심을 펼치십니다.
높은 파도에서 당신께 찬미하는 사람들을 인도하십니다.
알렐루야!

15

여기 이 땅에 다 담을 수 없는 말씀이 온전히 계셨습니다.
하늘에 부재함 없이 장소를 바꾸신 것이 아니었습니다.
그저 하느님의 낮추심이었습니다.
자신 안에 하느님을 맞아들인
동정녀의 아드님으로 태어나셨습니다.
그 동정녀에게 환호합니다.
기뻐하십시오. 한계 없으신 하느님의 한계시여.
기뻐하십시오. 거룩한 신비의 문이시여.
기뻐하십시오. 믿지 못하는 사람들에게
어려운 가르침이시여.
기뻐하십시오. 믿는 이들에게 분명한 영광이시여.
기뻐하십시오. 커룹보다 위에 계시는 분의
지극히 거룩한 수레시여.
기뻐하십시오. 사람보다 뛰어나신 분의 찬란한 거처시여.
기뻐하십시오. 당신은 동정성과 모성을 결합하시어
상반되는 것을 하나로 모으셨습니다.
기뻐하십시오. 당신께 감사드립니다.

죄가 사하여지고, 낙원이 열리게 되었습니다.
기뻐하십시오. 당신은 그리스도 왕국의 열쇠이십니다.
기뻐하십시오. 당신은 복된 자들의 희망이십니다.
기뻐하십시오. 동정녀시여, 신부시여!

16

천사들이 당신 강생의 고귀한 사건으로 놀랍니다.
감히 근접할 수 없던 하느님께서
모두가 가까이할 수 있는 분이 되신 것을 보았습니다.
우리들 가운데 사시는 한 인간
그분은 모든 이들로부터 환호를 듣습니다.
알렐루야!

17

유창한 웅변가들도, 하느님의 어머니 당신 앞에선
물고기처럼 입을 열지 못합니다.
어떻게 당신이 아이를 낳고도 동정으로 머물 수 있는지
설명할 바를 몰라 하고 있습니다.
그러나 우리는 이 신비를 찬미합니다.
신앙으로 노래합니다.
기뻐하십시오. 하느님 지혜의 그릇이시여.
기뻐하십시오. 하느님 섭리의 보물이시여.
기뻐하십시오. 당신은 지혜로운 자를 깨닫지 못하게 만드십니다.
기뻐하십시오. 당신은 연설가로 하여금 할 말을 잃게 하십니다.
기뻐하십시오. 동화를 지어내는 작가들의 지혜도
당신에게는 합당하지 못합니다.
기뻐하십시오. 아테네인들의 그물은 찢어지고
어부들의 그물엔 물고기가 가득합니다.
기뻐하십시오. 당신은 우리를 무지의 심연으로부터
이끌어 내십니다.
기뻐하십시오. 당신은 많은 사람들에게 지혜의 등대이십니다.

기뻐하십시오. 당신은 자신이 구원되기를 바라는
사람들에게 구원의 방주이십니다.
기뻐하십시오. 당신은 이 생명의 항해자들에게 항구이십니다.
기뻐하십시오. 동정녀시여, 신부시여!

18

만물의 창조주께서 이 세상을 구원하시러
기꺼이 이 세상에 내려오셨습니다.
하느님이시며, 우리의 목자이십니다.
그런데도 우리 가운데 사람이 되셨습니다.
우리를 사랑하시어, 그렇게 당신과 비슷하게 하시고
당신과 비슷한 사람들을 부르십니다.
하느님으로 계시며 환호를 들으십니다.
알렐루야!

당신은 동정녀들의 보호자이십니다.
하느님의 동정 어머니시여,
당신께 다가오는 자들의 어머니시여.
하늘과 땅의 주인이신 분이 당신을 죄 없이 하셨습니다.
그 주인께서 당신의 태중에 거처를 마련하셨습니다.
모두에게 노래하도록 가르치셨습니다.
기뻐하십시오. 동정의 기둥이시여.
기뻐하십시오. 구원의 문이시여.
기뻐하십시오. 영적 탄생의 원리시여.
기뻐하십시오. 하느님 선의 분배자시여.
기뻐하십시오. 당신은 부끄럽게 태어난 사람들에게
생명을 갚아 주셨습니다.
기뻐하십시오. 어리석은 사람들에게 지혜를 되돌려 주셨습니다.
기뻐하십시오. 영혼의 파괴자를 물리치셨습니다.
기뻐하십시오. 믿는 이들을 주님께 일치시키는
씨앗 없이도 이루어진 신혼의 신방이시여.
기뻐하십시오. 당신은 동정녀들의 달콤한 양육자이십니다.

기뻐하십시오. 당신은 거룩한 영혼들의 중매인이십니다.
기뻐하십시오. 동정녀시여, 신부시여!

하느님의 풍요로운 자비에 겨룰 만한 것은 아무것도 없습니다.
거룩하신 임금이시여.
만일 우리의 노래가 모래알과 같이 많다 할지라도
당신이 우리에게 주신 것만큼일 수는 도저히 없습니다.
노래합니다. 알렐루야!

21

어둠에 누워 있는 자들을 비추는 횃불로
자신을 드러내시는 거룩하신 동정녀를 묵상합니다.
그분은 모든 사람이 알도록 영혼에 등불을 밝히십니다.
당신의 찬란함으로 마음들을 밝혀 주십니다.
찬양으로 공경을 드립니다.
기뻐하십시오. 마음의 태양이시여.
기뻐하십시오. 꺼지지 않는 빛살이시여.
기뻐하십시오. 영혼을 비추는 등불이시여.
기뻐하십시오. 원수들을 떨게 하는 천둥이시여.
기뻐하십시오. 당신은 사방으로 비추는
공채를 떠오르게 하십니다.
기뻐하십시오. 당신은 사방으로 흐르는 샘을 솟게 하십니다.
기뻐하십시오. 당신은 예언된 세례를 먼저 드러내십니다.
기뻐하십시오. 당신은 죄의 더러움을 씻으셨습니다.
기뻐하십시오. 양심의 불결함을 씻는 물그릇이시여.
기뻐하십시오. 그리스도의 향기를 내는 방향(芳香)이시여.
기뻐하십시오. 신비로운 향연의 생명이시여.
기뻐하십시오. 오! 동정녀시여, 신부시여!

22

해묵은 빚,
모든 사랑의 빚을 갚으신 분께서 용서를 베푸십니다.
은총에 등을 돌린 사람들 속에서
기꺼이 귀양살이를 하셨습니다.
빚 문서를 찢으셨습니다.
모두로부터 찬미의 노래를 듣습니다. 알렐루야!

23

당신의 탄생을 호산나 노래합니다.
모두가 살아 있는 성전이신 어머니께 찬미를 드립니다.
당신 팔을 뻗쳐 모두를 보호하시는 그 주님께서
어머니 태중에 내려오실 때
어머니를 거룩하게 하시고 영광스럽게 하셨습니다.
모두에게 노래를 가르쳐 주셨습니다.
기뻐하십시오. 하느님의 장막이시며
그분 말씀의 장막이시여.
기뻐하십시오. 그 어느 성인들보다도 뛰어난 거룩하신 분.
기뻐하십시오. 성령의 황금 궤시여.
기뻐하십시오. 닳아 버릴 수 없는 생명의 보물이시여.
기뻐하십시오. 거룩한 왕의 고귀한 관이시여.
기뻐하십시오. 경건한 사제들의 명예이며 존경이시여.
기뻐하십시오. 무너지지 않는 교회의 탑이시여.
기뻐하십시오. 임금의 난공불락의 성채시여.
기뻐하십시오. 당신 덕분에 승리의 공적비가 세워집니다.
기뻐하십시오. 당신 덕분에 적들이 파멸됩니다.

기뻐하십시오. 당신은 내 육신을 위한 명약이십니다.

기뻐하십시오. 당신은 내 영혼을 위한 구원이십니다.

기뻐하십시오. 오, 동정녀시여, 신부시여!

24

오, 어머니, 모든 찬미 노래가 당신께 합당합니다.
당신은 거룩하신 말씀께 생명을 주셨습니다.
모든 거룩한 이들 가운데 가장 거룩한 분에게.
이제 드리는 봉헌을 받아 주시고
모든 악에서 우리를 지켜 주십시오.
모두 함께 노래함 이들을 미구의 형벌에서 구해 주십시오,
알렐루야!